Heinz Schurad

Curriculum Sachunterricht für die Schule für Geistigbehinderte

unter Mitarbeit von

Mechthild Böckerink, Marita Fischbach,
Gabriele Forck, Sabine Konitz, Volker Musiol,
Wolbert Schulte, Werner Schumacher,
Christa York-Friedhoff

ATHENA

Umschlagfoto: Werner Schumacher

Die Deutsche Bibliothek - CIP-Einheitsaufnahme

Schurad, Heinz:
Curriculum Sachunterricht für die Schule für Geistigbehinderte /
Heinz Schurad. Unter Mitarb. von Mechthild Böckerink ... - 1. Aufl. -
Oberhausen : Athena, 2002
(Lehren und Lernen mit behinderten Menschen ; Bd. 4)
ISBN 3-932740-94-7

1. Auflage 2002

Mellinghofer Straße 126, 46047 Oberhausen
www.athena-verlag.de

Druck und Bindung: Difo-Druck, Bamberg
Gedruckt auf alterungsbeständigem Papier (säurefrei)
Printed in Germany
ISBN 3-932740-94-7

Inhalt

Vorwort

Wir sind es gewöhnt, mit Sachen umzugehen. Als Sache lässt sich sprachlich alles bezeichnen, was dem Menschen entgegensteht. Objekt ist in diesem Sinne das dem Menschen Begegnende. Ein Unterricht, der sich auf Sachen verstehen will, möchte sie natürlich in den Fragehorizont der Schüler rücken. Fragehorizont setzt Begegnung, Umgang, Neugier, Fragehaltung voraus. Ein Sachunterricht sucht die Begegnung mit den »Sachen« im Alltag, welche für die Gegenwart und Zukunft der Schüler im Umgang mit der Lebenswelt und Welt überhaupt wertvoll sind. Sein Ziel ist der Umgang, die Begegnung mit Sachen, deren sinnenhafte, perzeptive, emotionale, soziale und kognitive Verarbeitung.

Die Absicht der Autorinnen/Autoren, den Sachunterricht als Angebot der Schule für Geistigbehinderte zu verstehen und ihn auf der Grundlage der Themen, Bereiche Begegnungen schüler-, alters- und behindertengerecht anzubahnen, war in der ersten Konzeption nicht leicht zu verwirklichen. Doch der durch jahrelange Unterrichtserfahrungen gestählte Wille, aus einer eher zufälligen und durch Erfahrung bestärkten Themenbehandlung, Projekterarbeitung herauszukommen und einen systematischen und kontinuierlichen Zugang zu den Sachgebieten zu suchen, war das Movens zu diesem Buch. Sicherlich stand da auch die Absicht im Hintergrund, einem Fachbereich auf die Sprünge zu helfen, der bislang keine systematische Erarbeitung erfahren hat. Die Anlehnung an den Sachunterricht der Grundschule ist vielleicht zweischneidig, weil auch nicht unangefochten und weil sie zudem den Alters- und Erfahrungsbereich der geistigbehinderten Menschen nicht ganz abdeckt. Doch gibt es hier eine auch wissenschaftliche Fach- und Themenbehandlung, deren didaktische Erträge genutzt werden sollten. Weiterhin sollte die Didaktik der Schule für Geistigbehinderte sich einer Diskussion stellen, die durch die integrativen Bemühungen in ihren Horizont gerückt wurde.

Die Mitarbeiterinnen und Mitarbeiter sind Fach- und Sonderschullehrer in Nordkirchen, einer Schule für Geistigbehinderte und Körperbehinderte. Sie haben sich in mühevoller Kleinarbeit durch die Vorlagen hindurchgearbeitet und wünschen der Veröffentlichung natürlich einen Erfolg. Ihnen sei an dieser Stelle herzlich gedankt. Die Erfahrung, dass es Kolleginnen und Kollegen gibt, die sich neben dem Unterrichtsgeschäft und seinen Implikationen einer solchen Anforderung gestellt haben, erfüllt mich noch im Nachhinein mit Stolz.

Zum einen soll mit dieser Veröffentlichung der Vorrangstellung eines Fachbereichs ein Anstoß gegeben werden in Richtung einer zunehmend didaktisch-methodisch reicheren Bearbeitung. Zum anderen soll den vielen Kolleginnen und Kollegen, die mit geistigbehinderten Menschen arbeiten, eine curriculare Hilfe angeboten werden.

Als mitbeteiligter Autor blicke ich mit Stolz auf die Fertigstellung des Werks, das mich über vier Jahre neben meiner Tätigkeit als Schulleiter der vorgenannten Schule beschäftigt hat. Ich bin zur Zeit als Schulberater im Kosovo tätig und kann aus dem Ländervergleich und der schrecklichen Not heraus nur hoffen, dass das deutsche und europäische Schulwesen von seinen Schätzen und Erfahrungen möglichst viel an diese Länder im Aufbau abgeben möge!

Prizren, Kosovo, im November 2001 Heinz Schurad

Einleitung

»Doch anstatt in der Sphäre unserer eigenen Anschauungen zu forschen, richten wir unsere Aufmerksamkeit darauf, daß wir in unserem kontinuierlich strömenden Weltwahrnehmen nicht isoliert sind, sondern in diesem zugleich mit anderen Menschen Konnex haben. Jeder hat seine Wahrnehmungen, seine Vergegenwärtigungen, seine Einstimmigkeiten, Entwertungen seiner Gewißheiten in bloße Möglichkeiten, Zweifelhaftigkeiten, Fragen, Scheine. Aber im Miteinanderleben kann jeder am Leben der Anderen teilhaben. So ist überhaupt die Welt nicht nur seiend für die vereinzelten Menschen sondern für die Menschengemeinschaft, und zwar schon durch die Vergemeinschaftung des schlicht Wahrnehmungsmäßigen« (Husserl).

Die Herleitung des Sachunterrichts der Schule für Geistigbehinderte vom Lebenskundlichen Unterricht oder vom Bereich »des Lebenspraktischen und der Sachkunde« (Walburg) in den ersten Jahrzehnten des Bestehens der Schule war zunächst eine Orientierung an den Bedürfnissen des Schülers mit geistiger Behinderung und dem Erkunden eines Fächerkanons an der Vorgabe des allgemeinbildenden Schulwesens, auch im Sinne einer Orientierung und eines möglichen Anschlusses.

»Die Verrichtung von Alltagsaufgaben, die weitgehende Selbstversorgung und Selbsthilfe bilden die Grundlage der lebenspraktischen Erziehung. Neben diesen Lebensfertigkeiten sollte der Geistigbehinderte zu einer sachgemäßen Auseinandersetzung mit seiner Lebenswelt geführt werden. Die Kenntnis der Lebensfertigkeiten soll den Wunsch nach Lebensorientierung wecken. Elementare Sachinformation hilft dem Geistigbehinderten, seine persönlich gemachten Erfahrungen zu verstehen und sie zur Erschließung der unmittelbaren Lebenswirklichkeit zu nutzen« (Walburg 1979, 276).

Lebenspraxis im Sinne der Selbsthilfe und Orientierung an der alltäglichen Lebenswelt zur Teilhabe des geistigbehinderten Menschen an derselben sind also die didaktischen Beweggründe und Motive. Das wird später als Gesamtziel für die SfGb so formuliert: »Selbstverwirklichung in sozialer Integration.«

In demselben Text setzt sich Walburg von der Sachkunde der Grundschule und ihrem Fächerkanon ab und meint, eigene Schwerpunkte setzen zu müssen (vgl. ebd.).

Dieses Argument des Abrückens von der Aufgabenstellung des Sachunterrichts der Grundschule kann heute nicht mehr gelten, weil Schule für Geistigbehinderte und Grundschule durch den gemeinsamen Unterricht und durch kooperative Formen der Zusammenarbeit näher zusammenrücken und auch im Bereich des Sachunterrichts Gemeinsamkeiten für eine gemeinsame Unterrichtung finden, die sich nicht nur darin erschöpft, etwas Gemeinsames mit unterschiedlicher Zielorientierung anzubieten. Ein anderes Argument ließe sich herleiten aus dem veränderten Klientel der Schule für Geistigbehinderte (wachsender Anteil ehemals in die Schule für Lernhilfe aufgenommener Schüler und sehr viele schwer- und mehrfach behinderte Schüler) und aus einem Glauben an das größere Lernpotential des geistigbehinderten Menschen, das heute auf ein höheres Anspruchsniveau der Eltern und der Schule trifft.

In dem vorliegenden Buch soll der Versuch gemacht werden, Sachunterricht in seiner Nähe zum Unterricht der Grundschule zu begründen und eine weitere Legitimation aus der Notwendigkeit abzuleiten, die Weiterführung der ausgewiesenen Teilcurricula in den höheren Stufen aus Gründen einer weiter bestehenden Sachlogik und aus den Bedürfnissen der Schüler heraus fortsetzen zu müssen.

Gesamtcurriculum als Curriculum für die Schule für Geistigbehinderte und die ausgeführten Teilcurricula stehen auf der Grundlage einer Didaktik der alltäglichen Lebenswelt, in die einzuführen primäre Aufgabe der Schule ist und welcher sich die Autoren insgesamt stellen wollten.

Das Gesamtanliegen kann als Bemühen bezeichnet werden, die Programmatik der Schule für Geistigbehinderte in einem Gesamtspektrum zu aktualisieren und vor der interessierten Öffentlichkeit darzustellen. Nicht mehr und nicht weniger!

Ich danke den Kolleginnen und Kollegen der Schule für Geistigbehinderte und Körperbehinderte in Nordkirchen, die sich mit großem Engagement und tiefer Sachkenntnis daran beteiligt haben.

(Die Verwendung der maskulinen Singularform wird rein technisch begründet!)

1 Die Sache mit dem Sachunterricht

1.1 »Sache« – »Sachen« – Sachverhalte – Lebenswelten

In dem Film »Zur Sache Schätzchen« war es nicht schwierig auszumachen, um welche Sache es denn wohl ging. Die »Sache«, welche uns hier beschäftigt, ist so klar nicht und bedarf einer Grundlegung:

• Es kann um die »Sache« gehen, welche Menschen beschäftigt, soweit sie es im Umgang mit der Welt (Lebenswelt, Alltagswelt, Welt im Hier und Jetzt) mit Sachen/Angelegenheiten im jeweiligen konkreten Situationskontext zu tun haben. Diese »Entgegengeworfenheiten« (obiecta: obiicere – ob-iacere = entgegen-werfen, aus dem Lateinischen) sind Sachen dieser Welt, die den Menschen beschäftigen, die sich in seiner personalen, materialen und geistigen Welt vorfinden. Als Beispiel für Bedeutsamkeit der Welt/Lebenswelt mag die Welt des Kindes gelten, das sich gleichsam prototypisch in die Welt der Menschen hineinentwickeln muss. Welt als Welt der Personen, Beziehungen, der Sachen und Sachverhalte im Verhalten von Ich und »Sache« im »Sach«-Verhalt vermittelt zumal dem jungen Menschen Geborgenheit, seine Sache ist hier: Das brauche ich zum Leben und Überleben. »Während der frühen Entwicklung wird der Aufbau der kindlichen Lebenswelt vorrangig durch den Aufbau von Beziehungen zwischen der Pflegeperson und dem Kind bestimmt. Das ist ein Naturvorgang: Ohne die überlebenssichernde Präsenz und pflegende Aktivität der ersten Bezugsperson(en) würde der Säugling sterben. Die Bindungsentwicklung ist auf diesem Hintergrund eine unabdingbare Voraussetzung dafür, ein Urvertrauen in die Welt zu gewinnen. Sie ist die ursprüngliche psychosoziale Basis für die Entstehung eines ersten fundamentalen Lebenssystems: der Geborgenheit« (Mogel 1999, 116.). Diese Prototypik von kindlicher Lebenswelt zielt auf den Lebensweltcharakter schlechthin, in dem »die Sache« des Menschen sich ereignet. So heißt es bei Mogel: »Lebenswelten sind Welten, in denen man lebt. Man kann Lebenswelten des Menschen demnach als Ökosysteme beschreiben, innerhalb derer sein Lebensvollzug stattfindet. Es handelt sich hierbei um demographische, soziographische und ökologische Aspekte der zeitlich-räumlichen und kulturspezifischen Koinzidenz von Ereignissen, die den menschlichen Lebenslauf bestimmen bzw. seine soziale Wirklichkeit ausmachen« (ebd., 113). Sache ist hier »Sache des Menschen« in seiner menschlichen Welt und kann alles sein, was ihn betrifft, mehr speziell oder allgemein.

1.2 Lernbare »Sachen«

- **Es geht um die »Sache«,** welche Kinder, Jugendliche, Erwachsene erfahren, soweit sie im jeweiligen Bildungskontext Sachen erfahren sollen, handelnden Umgang mit Sachen lernen sollen. Kinder, Jugendliche und Erwachsene unterscheiden sich dabei wesentlich in der Wahrnehmung der Sachen, in der Perspektive auf die Sachen, die jeweils aus dem Erfahrungs- und Wissenshorizont entworfen wird, die ihm, dem Kind, dem Jugendlichen, dem Erwachsenen, eigen ist und jeweils eine andere Einbettung in die Umwelt und in die Situationsbezogenheit der Um-Welt erfährt. So besehen sind die »Sachen« jeweils eingebettet in den Erfahrungshorizont des einzelnen Menschen, der entweder Kind oder Jugendlicher oder Erwachsener ist und von daher immer einen verschiedenen Blick auf die »Sachen« hat. »Meine Sache« ist eine andere als »Deine Sache«. Und wenn es um »Unsere Sache« geht, bedarf es eines gemeinsamen Blickwinkels und der Herstellung eines solchen Blickwinkels. Wenn jemand sich um »seine Sache« kümmert, steht sie in einem Bedeutungshorizont, den er sich durch Erfahrung, durch Konstitution im eigenen Denken und Handeln erworben hat und den anderen zu vermitteln, Kommunikation und Interaktion voraussetzen. So besehen werden »Sachen« immer in einen gemeinsamen, auch kulturgeschichtlich gewachsenen Horizont gestellt und erhalten durch die eigene, individuelle Kulturgeschichte der je eigenen Persönlichkeit ihre Einfärbung für den Personalgebrauch.

»Sache« hat also, wie wir eben sahen, einen immens großen Bedeutungshorizont. Schließlich ist es einzig der Mensch, der aus einer geistigen Distanz heraus Sachen mit Bedeutung und Sinn versehen kann und in Sachverhalte einordnen oder aus Sachverhalten herausnehmen und in andere einordnen kann. Eine einfache Gebrauchsanweisung für den Umgang mit Sachen wäre vielleicht wünschenswert, wird unserer »Sache« aber nicht gerecht. Sachen sind also einem Bedeutungshorizont unterzuordnen und existieren mit besonderen Sinngehalten, die bei derselben Sache sehr unterschiedlich sein können, sind also nicht einfach und nicht nur Objekte.

Dabei können – das können wir jetzt folgern – »Sachen« alles sein, womit sich der Mensch im Umfeld seiner Kultur, seiner Lebenswelt beschäftigen kann (Leben und Überleben) und soll (Lernen). Hier hat die Begegnung mit der Sache – im Kontext einer Vernetzung mit anderen Sachen, Sachverhalten, Situationen, Situationsbezügen oder in der Fokussierung auf eine Sache, einen Sachverhalte unter Ausblendung anderer Sache etc. – einen bildenden Wert, der im Umfeld von Familie und Schule, von Heimat und Umfeld an ihn herangetragen wird, aus Notwendigkeit, aus Interesse, aus Zufall und Neugier, aus Spiellust.

1.3 »Sache« der Schule

• **Es geht um die »Sache«**, wenn in der Schule »Sachen« in einen Fachunterricht eingebunden werden, der sich als Sachunterricht oder auch Sachkunde in Themen, Inhalten, Methodenvielfalt darstellt. »Sache« steht hier für einen fachgebundenen Bildungskanon, für künstliche, zugleich fokussierende Herausstellung von Sachen und Loslösung aus ihrer Umgebung sowie Einbettung in eine analytische Perspektive, für Lernerfordernisse, für Begegnungen mit »Sachverhalten« der Alltagswelt, der Lebenswelt oder der wissenschaftlichen Welt. Diese Sachverhalte sollen aus der Sicht der diesen Unterricht planenden Schule den Schülern als zu lernende »Sachen« in didaktisch-methodischer Aufbereitung angeboten werden, die für die jeweilige und zukünftige Lebensphase als wissenswert, als handelnswert, als schätzenswert und letztlich als l(i)ebenswert erachtet werden, um als Bausteine für den Aufbau eines Selbstkonzeptes, einer Sach- und Sozialkompetenz zu fungieren, als Bausteine eines Weltbilds, deren immer größere Vernetzung und Komplexion durch Altern und Entwicklung vorangetrieben wird, zur Grundlegung eines individuellen Lebensentwurfs in der Gesellschaft.

1.4 »Sache« der Grundschule

• **Es geht um die »Sache«**, wenn in der Grundschule ein Unterrichtsfach »Sachunterricht« neben den Fächern, die Kulturtechniken in Lesen, Schreiben und Rechnen vermitteln, den Schülern zum Aufbau eines Weltbilds angeboten wird. Hier steht »Sache« für Sachen, die in Situationen und Situationsfeldern eingebunden sind, welche die Alltagswelt, die

Alltagskultur erklären, Handlungsfähigkeit im Umgang mit ihnen – z. B. im Verkehr – sichern, Kategorien für Raum und Zeit anbieten, emotionale, kognitive, soziale Strukturierungen im Denken, Fühlen und Handeln vornehmen, Grundlagen für ein darauf aufbauendes persönliches, soziales und berufliches Werden liefern. Soostmeyer (1998, 363) benennt als »Ziele für die Grundschule«: »Grundlegung der Orientierungs- und Handlungsfähigkeit in der kindlichen Lebenswirklichkeit / Befähigung, sich mit natürlichen, technischen und sozialen Phänomenen und den Beziehungen zwischen ihnen auseinanderzusetzen/Vermittlung von Sachlichkeit, Mitmenschlichkeit, grundlegenden Kenntnissen und elementaren Verfahren/Erweiterung der Lebenspraxis der Kinder/Hinführung zum Lernen des Lernens.« Zu den Intentionen des Sachunterrichts im Verhältnis zur Lebenswirklichkeit des Grundschülers äußert er sich mit folgenden Themenbereichen:

- »Umgang mit vertrauten und fremden Menschen«
- »Teilnahme am schulischen und außerschulischen Leben«
- »Erkunden der heimatlichen Umgebung«
- »Wahrnehmen von Veränderungen im Verlaufe der Zeit«
- »Teilnahme am Verkehr«
- »Umgang mit Gütern, Geld, Medien und Inanspruchnahme von Dienstleistungen«
- »Umgang mit Spielsachen, Werkzeugen, Materialien und Geräten«
- »Umgang mit der belebten Natur«
- »Auseinandersetzung mit Naturerscheinungen und mit der gestalteten Umwelt«
- »Nachdenken über sich selbst« (ebd., 367-377).

Die Themenbereiche sind recht grob gefasst und decken nicht einen klar abgrenzbaren Sektor der kindlichen Umwelt ab. Sie überschneiden sich teilweise und liefern die Themenauswahl der Beliebigkeit des Auswählers aus. Vielleicht fragt sich der Leser auch, worin in dem Themenbereich »Auseinandersetzung mit Naturerscheinungen und mit der gestalteten Umwelt« der gedankliche Zusammenhalt besteht. Bei seinen Erläuterungen dazu zählt Soostmeyer eine solche Fülle von Aufgabenstellungen auf (vgl. ebd., 375-376), wie Einteilung von Stoffen und deren physikalischen Eigenschaften, sinnliche Qualitäten dieser Stoffe, Maßeinheiten zur Feststellung der Quantität der Stoffe, ihre natürlichen und technischen Sachverhalte auf der Ebene von Prozessen und Verfahrensweisen, so dass man, bezogen auf die kognitiven, handlungs- und erfahrungsrelevanten Möglichkeiten des Grundschülers, eher an einen propädeutischen Fachunterricht für die weiterführenden Schulen denken könnte, denn daran, kindliche Umwelt für Kinder zu erschließen, weil sie bei einer solchen Vorgehensweise den »Sitz im Leben« der Dinge, Phänomene, Sachverhalte nicht wirklich erfahren, sondern »Sachen« in ihnen unbekannte Strukturen und künstliche Sachverhalte integrieren müssen. Eine für eine Grundschule sehr hohe und vielleicht sie auch überfordernde Aufgabenstellung!

Möller (1997) gibt in der Absicht eines Forschungsansatzes »einer didaktisch ausgerichteten, moderat konstruktivistisch orientierten Lehr- und Lernprozessforschung« (ebd., 257) für den Sachunterricht folgende »Theorieelemente« vor, die einen gewollteren und auch wissenschaftlich abzusichernden Zusammenhang schaffen sollen zwischen dem Sachunterricht und dem einzelnen Schüler:

- »Unterricht muss die Präkonzepte der Schüler berücksichtigen, um einen individuellen Aufbau von Denkstrukturen zu fördern (Präkonzeptforschung).
- Verstehen setzt aktives Konstruieren und das Einordnen in die eigene, individuelle kognitive Struktur voraus (konstruktivistischer Ansatz) [...]
- Veränderungen von Konzepten sind nicht allein auf kognitive Konflikte [...], sondern auch auf emotionale Faktoren (Neugier, Interesse, Erfolg, Wirksamkeit) zurückzuführen.
- Der Aufbau von Denkstrukturen wird durch soziale und situative Faktoren mitbedingt (sozial-konstruktivistische Theorien).
- Die soziale Interaktion fördert den Aufbau und die Überprüfung kognitiver Konzepte (Modell der soziokognitiven Konfliktinduktion).
- Authentische Lebenssituationen erleichtern den Aufbau kognitiver Stukturen (Theorie der situierten Kognition).
- Steuerungs- und Strukturierungsimpulse des Lehrenden helfen beim individuellen Aufbau von Denkstrukturen (Didaktische Theorien zur Bedeutung der Intervention des Lehrenden)« (ebd.).

Köhnlein (1998) fordert für die Inhaltlichkeit des Sachunterrichts in der Grundschule und seinen Stellenwert im Bildungsgefüge der Schule: »Inhaltlicher Bezug des Sachunterrichts ist die Welt, in der wir leben; das ist nicht eine ungestaltete Welt, sondern die Welt in ihrer kulturellen Bearbeitung, und es ist eine Welt, zu der wir selbst gehören. Diese Bearbeitung schließt Vergangenheit, Gegenwart und eine Zukunftsperspektive ein, auch wenn diese unsicher bleibt. Kreative Erschließung einer kulturell gestalteten Welt im Unterricht ist Arbeit an der Verständlichkeit dieser Welt; sie setzt bei den Lehrenden die Kenntnis und Beachtung von gesellschaftlichen Akzentuierungen, von begrifflicher Struktur und von wesentlichen Sachzusammenhängen voraus; sie lässt sich jedenfalls nicht aus der Zauberkiste situativer Einfälle, nicht aus dem gängigen Bescheidwissen des Alltagsverstandes und nicht aus wohlfeilen Arbeitsblättern gewinnen. Unerlässlich ist vielmehr eine von perspektivischem Denken getragene sorgfältige, kenntnisreiche und anhaltende Curriculumarbeit auf der Ebene der Richtlinien und Lehrpläne sowie auf der Ebene der einzelnen Schule und jeder je individuellen Klasse. Die Schule muss dafür sorgen, dass grundsätzlich wichtige Fragen aufgeworfen, weitergreifende Probleme identifiziert, Lösungsstrategien vollzogen und Erkenntnisprozesse erfahren werden, die als Elemente der Bildung nicht verzichtbar sind« (ebd., 30).

In anderen Konzeptionen finden wir eher den Ansatz vor, Perspektiven der Lebenswirklichkeit zunächst darzustellen, um aus ihnen heraus dann fachlich orientierte Perspektiven zu entwickeln. Als Beispiel sei der Ansatz von Kahlert (1998) dargestellt: »Indem das Kind sich mit seiner Welt auseinandersetzt, sucht es nach Deutungen, Interpretationen. Es gibt der Welt, besser: den Ereignissen, Zuständen, deren es gewahr wird, einen Sinn und bringt somit seine eigene Welt mit hervor [...] Diese ganz persönliche Weltbegegnung wird teils erweitert, teils stößt sie sich an dem, was bei Langeveld ›offene Sinngebung‹ heißt. Damit meint er jene Deutungen, ›die wir im offenen Zusammenleben, in offener gemeinschaftlicher Arbeit mit den Mitmenschen aufbauen. Es ist die Sinngebung, welche im Einverständnis entsteht und besteht. Das ist die Welt, die wir im Wachen gemeinsam haben‹ (Langeveld 1956, S. 92). Ein erster Schritt zur Annäherung an diese verallgemeinernden Erfahrungen und an ein von allen teilbares Wissen stellen lebensweltlich orientierte Dimensionen dar. Diese korrespondieren wiederum mit fachlich orientierten Perspektiven« (ebd., 72).

(a) *unmittelbare Erfahrungen*
(b) lebensweltlilch orientierte Dimensionen
(c) **fachlich orientierte Perspektiven**

Abstraktionsstufen von der unmittelbaren Erfahrung zu lebensweltlichen Dimensionen und fachlich orientierten Perspektiven (aus: Kahlert 1998, 72)

Der Zusammenhang von »unmittelbare Erfahrungen« und »lebensweltlich orientierte Dimensionen« und »fachlich orientierte Perspektiven« ist durch die Absicht bestimmt, dem Erleben, Wahrnehmen, Ordnen und Einordnen des Kindes ein Strukturgitter überzustülpen, das als Ordnungsgefüge im Weltaufbau fungiert, sachlich aus der Sicht des Kindes, fachlich aus der Sichtweise des Lehrers.

»Das Verhältnis zwischen lebensweltlich orientierten Dimensionen und fachlich orientierten Perspektiven darf allerdings nicht als eine ›eins-zu-eins-Entsprechung‹ verstanden werden. Weder gehen die lebensweltlichen Dimensionen in den fachlichen Perspektiven auf, noch stellen die fachlichen Perspektiven eine ›angemessenere‹ Betrachtungsweise dar. Vielmehr sollten fachliche Perspektiven und lebensweltliche Dimensionen als zwei Betrachtungsweisen auf den Gegenstand angesehen werden, die beide notwendig sind, ihre jeweils spezifischen Vorzüge und Grenzen haben und sich gegenseitig kontrollieren [...] Der fachlich geschulte Blick verringert das Risiko, dass der lebensweltlich bezogene Unterricht sich im Kreis von Banalitäten und Alltagswissen der Kinder dreht; und die lebensweltlich ausgerichtete Dimension setzt das Risiko herab, dass Fachorientierung zu erfahrungsleeren Begriffen und Merksätzen führt. Positiv gewendet: Eine hinreichende Reflexion der lebensweltlichen Bedeutsamkeit offenbart die möglichen Interessen der Kinder am Thema. Und die sorgfältige fachliche Reflexion macht uns deutlich, was davon wir auch in der Sache ergiebig behandeln können« (ebd., 72-74).

- Das Angebot der Sachen, Sachverhalte, Situationskomplexe, Erlebnis- und Handlungsfelder soll in seiner didaktisch-methodischen Aufbereitung im Einklang stehen mit einem kindlichen Interesse des Schülers, seinen alters- und entwicklungstypischen Wirklichkeiten und Möglichkeiten (vgl. Köhnlein 1998, 33). Dazu ist es erforderlich, die Sachverhalte didaktisch so zu reduzieren, dass das Wesentliche, das Fundamentale, das Exemplarische, das Typische zum Vorschein kommt, sowohl in der Sache selbst ganz konkret, als auch in ihren Abstraktionen der Sprache und des Denkens und seiner zur Wirklichkeitsdarstellungen notwendigen Modelle. Der Hinweis auf Klafki (1993, 141-161) ist sicher nicht unangebracht, weil er in seinem bildungstheoretischen, kritisch-konstruktiven Didaktik-Modell diese Reduktion auf der Grundlage des Bildungsbegriffs vorgenommen hat. »Die Akzentuierung des inhaltlichen Aspekts von Bildung und Erziehung verweist auf die Frage: ›Was soll gelehrt (gelernt) werden?‹ Diese Frage macht nach Klafki das eigentliche Problem der Didaktik aus [...] Zu ihrer Klärung dient als ›zentrierende Kategorie‹ der Begriff ›Bildung‹. Er ist notwendig, um die facettenreiche Unterrichtswirklichkeit unter einem spezifischen Blickwinkel zu betrachten: Bildung als Inbegriff des ›vielfältig gestuften und differenzierten, letztlich aber doch einheitlichen Gesamtauftrages‹ (Klafki 1963, S. 29) des Unterrichts ermöglicht die ›Integration aller unterrichtlichen Bemühungen‹ und die ›Verantwortung aller didaktischen Entscheidungen vor dem jungen Menschen‹ (ebda. S. 29). Mit anderen Worten: Wer von der These ausgeht ›Professionelles didaktisches Handeln ist rational begründbares Handeln‹ (Peterßen 1983, S. 12), der hat im Sinne der bildungstheoretischen Didaktik I alle Entscheidungen daraufhin auszurichten, ob sie Bildung ermöglichen« (Plögel 1999, 44). Klafki präzisiert diesen Bildungsbegriff für unsere Zeit und hebt ihn im Allgemeinbildungsbegriff auf, den er wie folgt definiert:

- »Allgemeinbildung als Bildung für alle zur Selbstbestimmungs-, Mitbestimmungs- und Solidaritätsfähigkeit,
- als kritische Auseinandersetzung mit einem neu zu durchdenkenden Gefüge des Allgemeinen als des uns alle Angehenden und
- als Bildung aller uns heute erkennbaren humanen Fähigkeitsdimensionen des Menschen« (Klafki 1993, 40).

Möller und Tenberg (1997) führen dazu aus: »Das von mir vertretene Konzept des handlungsintensiven Lernens folgt einem anthropologischen Ansatz: Es geht von der Frage aus, wie Sachunterricht gestaltet werden muss, um in umfassendem Sinn entwicklungsfördernd wirken zu können. Mit Entwicklung ist – in Anlehnung an Klafki (1993, S. 3) – eine Entwicklung aller Grunddimensionen menschlicher Fähigkeiten gemeint: die Entwicklung kognitiver wie sozialer und kommunikativer Fähigkeiten, die Entwicklung eines handwerklich-technischen Könnens, die Entwicklung ästhetischer Fähigkeiten und die Entwicklung einer politischen und ethischen Handlungs- und Entscheidungsfähigkeit. Ich füge noch hinzu: die Entwicklung der eigenen Persönlichkeit und die Entwicklung organischer Funktionen« (ebd., 140).

Im Rahmen des so akzentuierbaren Sachunterrichts als lebensweltlich orientierten, didaktisch reflektierten, fachdidaktisch strukturierten Sachgefüges mit Bildungsgehalt – im Sinne der Allgemeinbildung und der Ausbildung aller menschlichen Fähigkeiten – müssen für den jungen Menschen natürlich Überlegungen angestellt werden, was denn in diesem Alter für dieses Kind in dieser Perspektive exemplarisch (Auswahl aus..., stellvertretend für..., bildungsrelevant weil...) und typisch (als Typ für...) sein soll und zugleich für die Zukunft Gültigkeit behält. Typik verweist in ihrem Anspruch immer auf Regelmäßiges, Wiederkehrendes, Typenhaftes, Abstrakt-Allgemeines, in Form und Gestalt Vergleichbares, und wird so von der Gegenwart in die Zukunft projiziert, mit dem Anspruch auf Zuverlässigkeit, die mir in der Gegenwart gegeben ist und mir für die Zukunft die Handlungsmöglichkeiten auf der Grundlage des festen Gefüges der alltäglichen Situationsfelder eröffnet. Der Gegensatz zwischen dem, was jetzt in der Lebenssituation lernrelevant ist und dem, was für die Zukunft lernrelevant sein soll, kann nur dadurch gelöst werden, dass Perspektiven entwickelt werden, z. B. vom Kind zum Erwachsenen in denselben Lebenssituationen, oder von der kindlich erlebten Welt zu der Welt der Erwachsenen, die ja dieselbe ist, aber anders wahrgenommen wird und unter einem anderen Anspruch und Forderungskatalog steht. Die Welt des erwachsenen Menschen zu Beginn des 3. Jahrtausends ist eine Welt, die aufgrund der technischen Umwälzungen und Infragestellungen bis in die ethischen Positionen hinein nicht so sehr festgelegt ist, sondern heute im Gegensatz zu früheren Zeiten unter Beibehalt einer Grundstruktur (Leben, Wohnen, Ruhen, Arbeiten, Verkehren, Versorgen etc.) ständigen Änderungen unterworfen ist. Allerdings wird von einem erwachsenen Menschen erwartet, dass er sich mit seinem Lernpotenzial – natürlich jeder auf seinem Lernniveau – auf diese Änderungen einstellen kann, weil ihm zugleich mit seinen Erwartungshaltungen für die Zukunft auf der Grundlage der Erfahrungen in der Vergangenheit zugleich ein Sich-Einlassen auf Neuerungen und Veränderungen mitgegeben ist. Der Erwachsene, welcher sich ein Auto mit neuen Techniken kauft, etwa mit einem Navigationssystem, wird sich schnell durch eine kurze Unterweisung in dieses System einklinken können, das Kind wird erst lernen müssen, wie sich auf einer hohen Abstraktionsebene Landschaften, Regionen, Orte und Straßensysteme auf einem Kartensystem mit definierten Kategorien für Straßen, Himmelsrichtungen, Entfernungen etc. darstellen lassen, wie man sich dann selbst mit Hilfe dieser Systematisierung auf hohem Abstraktionsniveau orientieren kann. Der Erwachsene, welcher sich einen neuen Fotoapparat kaufen möchte, wird sich informieren müssen, welches System Zukunft hat, mit welchen anderen Systemen es kompatibel ist, und ob der höhere Kaufpreis diesen Ansprüchen gerecht wird. Der Grundschüler wird zunächst lernen müssen, wie sich Wirklichkeit durch einen Fotoapparat darstellen lässt, welche grundlegenden Techniken dabei Verwendung finden und wie das System für unterschiedliche Zwecke genutzt werden kann. Während sich also der erwachsene Mensch in einer sich ständig wandelnden Welt notgedrungen im Rahmen seines Werte- und Orientierungssystems Änderungen sowohl beruflich als auch privat anpassen muss, vieles auch nicht versteht und im Vertrauen auf Funktionsweisen und unter Hinweis auf verständliche Analogien sich innerhalb seines Verstehenshorizonts soweit als möglich verstehbar macht – wenn es denn heute bei anspruchsvollen Techniken noch möglich ist –, ist das Kind in der Grundschule noch darauf angewiesen, die Lebenswirklichkeit elementar in zu erlernenden Lebenswelten oder Teilaspekten der einen Lebenswelt konkret zu erfahren, die Techniken in einer ihm verständlichen Weise zu begreifen und erst von diesem Niveau aus die Veränderbarkeit des vermeintlich Unveränderlichen in das eigene Lernsystem einzuplanen. Der Computer hat auch diese Annahmen stark ins Wanken gebracht. Der Einzug einer neuen Technik mit anspruchsvoller Technologie, die zur Zeit dabei ist, alle Lebensbereiche des Menschen zu besetzen, hat das eher festgefügte Generationenverhältnis der vergangenen Jahrzehnte teilweise vehement weggefegt. Es gilt in Vielem nicht mehr, dass der erwachsene und lebenserfahrene Mensch sein Wissen, seine Erfahrungen an die nächste Generation weitergibt. Sie sind in Teilen eher schon hinderlich für das Verstehen der Welt. »Erwachsene und junge Menschen, ältere und jüngere Generation, stehen heute in manchen Hinsichten strukturell vor gemeinsamen Bewältigungsaufgaben in Alltag, Arbeit, Bildung, Öffentlichkeit und Politik, für die sie ihre unterschiedlichen Ressourcen und Kompetenzen einsetzen können und müssen« (Liebau 1997, 304).

Der fast spielerische Umgang der Generation der jetzt lebenden Kinder und Jugendlichen mit Computern, mit Hard- und Software steht gegen eine ältere Generation von Erwachsenen, die zum Teil mühsam dabei ist, diesen durch die Fortschritte der Technik erzwungenen Umgang zu lernen und in das eigene Professionsgefüge einzubauen. Aus dieser Sicht ist der frühestmögliche Umgang mit einer demnächst den Alltag beherrschenden Technik für den Grundschüler eine unverzichtbare Aufgabe, wenn es denn der Didaktik gelingt, ihn auf dem Niveau seiner Wahrnehmung, seines Denkens und Handelns zu erreichen. Die Industrie hat das schnell begriffen und ist bemüht, ihm Angebote für den spielerischen Umgang mit dieser Zukunftstechnik zu unterbreiten. Hinter diesen Absichten steht ein knallhartes ökonomisches Denken und der Versuch, das Verhalten späterer Kunden möglichst früh zu steuern. In Familie und Schule steht dagegen im Vordergrund, das Kind mit seinen Möglichkeiten in die Welt einzuführen und seine kindliche Lebenswelt durch Entwicklung und Steuerung in die Welt der Erwachsenen, die sogenannte Alltagswelt, zu integrieren. Wie weit hier heute noch das sogenannte Moratorium (Schule als aus der Alltagswelt herausgenommene Provinz für Lernen und Einüben in die Lebenswelt, vgl. Parmentier 1979) und das Modell Familie (vgl. Vaskovics 1997) tragen, sei dahingestellt. Die sich an der Entwicklungslinie aufreihenden Aufgabenstellungen werden von der Schule benannt und den Schülern aufgetragen.

1.5 »Sache« der Schule für Geistigbehinderte

• **Es geht um die »Sache«,** wenn die Schule für Geistigbehinderte (SfGb) in gleicher Weise versucht, die »Sachen« ihrer, seiner, deiner, meiner und unserer Lebenswelt an den Schüler heranzutragen. Im Vordergrund steht einerseits die didaktische Einsicht darin, dass dem Schüler im Kontext seiner z. B. durch hirnorganische Schädigung z. T. gestörten Wahrnehmungs-, Erlebnis- und Handlungsmöglichkeiten (vgl. Senckel 1996, 251 ff.; vgl. Neise 1999, 139-143) Situationsfelder aus der Alltagswelt erschlossen werden müssen, denen er im täglichen Umgang begegnet, die ihn zum Wahrnehmen, Erleben und Handeln auffordern, die für ihn ein Entwicklungspotenzial im individuellen Förderprozess darstellen. Andererseits wird – gleichsam in Abänderung des grundschulbezogenen Sachunterrichts – für ihn eine Auswahl von »Sachen« und für »Sachen« getroffen, die ihn während der ganzen Schulbesuchszeit in der SfGb im Alltag, in der Lebenswelt begleiten, derer er, da auf Hilfe und Assistenz besonders angewiesen, bedarf, um ein gesundes Selbstwertgefühl aufzubauen, um möglichst große Selbstständigkeit im Umgang mit den Sachen zu erreichen, um durch integrative Maßnahmen Partizipation in der Mitwelt mit anderen Menschen zu erleben, sein Leben »selbstbestimmend« mitzubestimmen. Er ist einerseits dem Grundschüler gleich, der erste didaktische Begegnungen mit der Alltagswelt erfährt und grundlegende Erfahrungen – oft aus eigenem Explorationsgelüsten heraus – für später sammeln muss, aus Gründen der Überlebensfähigkeit. Gerade dieser Begriff der Überlebensfähigkeit mutet vielleicht in dieser Situation etwas befremdlich an. Wir leben doch nicht in einer Agrargesellschaft, in der wir uns gleichsam von der Hand in den Mund das Überleben sichern müssten. Man vergisst dabei allzu schnell, dass sich Überlebensfähigkeit auf dem Niveau der jeweils geltenden Kultur ausbilden lassen muss, dass sie nur gelernt werden kann, wenn die Sub- und Stützsysteme der Erziehung und Bildung greifen, dass sie aber auch durch fehlleitende Anspruchslosigkeit misslingen kann, so dass am Ende kein Anspruch auf die Sozialleistungen der Gesellschaft (Hilfe im Krankheitsfall, Rente im Alter etc.) besteht. In Zeiten der Arbeitslosigkeit, der schweren finanziellen Belastungen der Familien mit mehreren Kindern, der Entsolidarisierung durch private Renten- und Krankheitsmitfinanzierung bekommt man ein Gespür für die Fragilität des Daseins.

Der behinderte Mensch ist also andererseits besonderer Hilfe und Assistenz bedürftig, so dass er eines besonderen Bildungs- und Erziehungssystems bedarf, um in gleicher Weise wie der Grundschüler an der Lebenswirklichkeit seiner Alltagswelt teilnehmen zu können (Partizipationssystem). Das Lernsystem der jeweiligen Lernanstalt muss diesem doppelten Bedürfnis, nach Erschließung der kindlichen Lebenswelt einerseits vor dem Hintergrund der Alltagswelt des Erwachsenen schlechthin und nach dem besonderen Hilfesystem aufgrund seiner durch die Behinderung bedingten Schwierigkeiten nachkommen. Dass diese besonderen Hilfen dann durch eine eher individuelle Lernhilfe für seinen sonderpädagogischen Förderbedarf bereit gestellt werden können, ist in der Schule für Geistigbehinderte durch die besondere Aufgabenstellung gewährleistet, wird in der Grundschule des »gemeinsamen Unterrichts« durch die zusätzliche Hilfe des Assistenzlehrers/Sonderschullehrers angestrebt.

- **Es geht um die »Sache«** des Sachunterrichts in der Schule für Geistigbehinderte, wenn der Fachbereich »Sachunterricht i.w.S.« die Schüler über das Grundschulalter hinaus in eine komplexe Lebenswelt einführen will, ohne das jeweilige Unterrichtsfach einer weiterführenden Schule mit wissenschaftlichem Anspruch an die Schüler dafür in Geltung zu bringen. Ob »Fachunterricht« oder »Kunde«, die Sache ist hier:
- **Der Sachunterricht der SfGb** führt die schon benannten Sachbereiche mit Hilfe eines Spiralsystems weiter in das Jugend- und Erwachsenenalter des geistigbehinderten Menschen. Da gibt es Sachbereiche, die ganz selbstverständlich einer Weiterführung bis ins Erwachsenenalter hinein bedürfen wie Religion und Glaube, wie Verkehr, wie Spielen und Freizeit. Da gibt es Bereiche, die erst ab der Oberstufe normalerweise als didaktisch relevant angesehen werden, wiewohl sie schon in der Kindheit als Urphänomene der Lebenswelt »spürbar« sind, wie Arbeit und Technik. Diese Lebensweltbereiche von Anfang an in das Themenangebot des Sachunterrichts einzubeziehen, bedeutet, dass die Schüler die Phänomene wahrnehmen und beobachten lernen, sie als zur Lebenswelt zugehörig empfinden können. Hier treibt, wenn man es so nennen möchte, die SfGb eine Propädeutik des Sachbereichs für den späteren Fachbereich, der dann den Sachbereich abdeckt. Wenn das Thema »Arbeit« in der Ober- und Werkstufe im Rahmen der Arbeitslehre in konkreten Bereichen des Werkens Technik, Holz, Metall, Hauswirtschaft behandelt wird,

auch in Ausrichtung auf das spätere Arbeiten in der Werkstatt für behinderte Menschen und des Wohnens, so steht doch das Thema Arbeit als Arbeiten des Menschen, also des Erwachsenen, des Kindes, des Kindes mit geistiger Behinderung sehr wohl in einer kindgemäßen Bedeutsamkeit an, die bisweilen nicht auf direkte Behandlung abzielen muss, aber sehr wohl in der Perspektive des Lehrers Arbeit unter dem Gesichtspunkt des auch schulischen Arbeitens, der dazugehörigen Tugenden und Haltungen unter erzieherischem Aspekt behandeln muss.

- **Der Sachunterricht der SfGb** vermittelt so dem Schüler in der jeweiligen Perspektive auf die Lebenswelt oder in dem jeweiligen Sach- oder Themenbereich als Ausschnitt der Lebenswelt eine Einführung in komplexere Sachverhalte, die er schon – auf einem einfacheren Niveau – kennt, oder die er erst – z. B. im Bereich der Arbeitslehre, Welt der Arbeit – neu vermittelt bekommt. Da die Lebenswelt sehr komplex ist, ist ihre Vermittlung als didaktische Reduktion angebracht, ist ihre Vermittlung recht früh anzusetzen, damit ihre Vermittelbarkeit auch auf Eingewöhnung trifft, die vom Denken und Erleben des Schülers her gefordert ist. Komplexitätsreduktion ist ein überall in der alltäglichen Lebenswelt auffindbares Phänomen. Die Medien bedienen sich ihrer als Verständnishilfen, sei es in der Weise einer nicht-wissenschaftlichen, aber allgemein verständlichen Sprache/Kunde, sei es mit Hilfe von Modellen, die Einsicht in den bestimmten Sachverhalt vermitteln sollen. Schüler können nicht früh genug damit beginnen, Modelle für sich auf der ihnen möglichen Verständnisebene verstehen zu wollen bzw. Verständnishilfen anzunehmen. Da finden sich auch die Schüler auf der SfGb heute in einer großen Gemeinschaft Nichtwissender, die auf Einsichtshilfen angewiesen sind, wenn komplexe Sachverhalte verständlich gemacht werden sollen. Wer sich als Erwachsener einmal eine »Sendung mit der Maus« anschaut, wird erkennen, wie leicht schwierige Sachverhalte mit neuen Medien und verständlichen Vorgehensweisen, methodischen Zurüstungen vor Kindern in einfacher Sprache dargelegt werden können! Der Vorschub von Behinderung durch die Lehrer verhindert eher die Einsichtmöglichkeiten im höheren Alter, d. h. Lehrer/Sonderschullehrer machen sich oft – vor allem im späteren Berufsleben – ein Bild von den geistigen, intellektuellen Möglichkeiten ihrer Schüler, das einer Weiterentwicklung im Anforderungsniveau der SfGb eher hinderlich ist.

• **Der Sachunterricht der SfGb** bemüht sich auf dem jeweiligen Niveau der Stufe, Lebenswirklichkeit des Schülers, Anspruchsniveau des Alters, Kulturbezogenheit der Alltagswelt in Einklang zu bringen. Gerade Kulturbezogenheit bedeutet nicht nur Beziehungnahme zur »Kultur« im Sinne und unter Verwendung eines technischen Kulturbegriffs. Die Einschränkung auf Kulturtechniken als Techniken des Überlebens wie Essen, Trinken, Lesen, Schreiben, Rechnen u.a.m. greift zu kurz. Wir müssen Kultur als das den Menschen umgreifende Geschehen bezeichnen, das er im Gegensatz zur Natur als seine Lebensweise über Jahrtausende ausgebaut hat, Nährboden für seine Überlebensfähigkeit, für seine Geschichts- und Zukunftsbezogenheit in der Gegenwart, für sein Gestaltungspotential von Leben in jedweder Umwelt ist. Löwisch weist in seiner Schrift »Kultur und Pädagogik« (1989) fünf Verständnisse von Kultur aus:

»1. Kultur betrifft alles, was der Mensch schafft:
was er mit seinem Geist, das heißt seinem Verstand und seiner Vernunft unter Zweckgedanken und Sinngedanken in Form von poiesis und praxis schafft (= aktives Verständnis).

2. Kultur betrifft alles das, was den Menschen bestimmt.
Gemeint ist alles, was der Mensch geschaffen hat und was auf ihn zurückwirkt: der Stand der Techniken, Wissenschaften, von Sprachentwicklungen, von Kunst, von gesellschaftlichen Insitutionen, von der sogenannten ärgerlichen Tatsache der Gesellschaft (Dahrendorf) mitsamt dem Recht, allen Konventionen und Funktionen, der Politik, den Wirtschaftsformen, allen Organisationsformen des Lebens (= passives Verständnis).

3. Kultur betrifft alle Arten und Weisen, wie der Mensch lebt.
Hier sei an das erinnert, was unter Lebensalltagskultur ausgeführt wurde: die kulturgemeinschaftlich bestimmten Formen und Möglichkeiten der Lebensführung (= modales Verständnis).

4. Kultur betrifft alles, womit der Mensch arbeitet:
Der Mensch schafft ständig neue Kulturgüter, indem er die vorherigen unter dem Höherentwicklungsgedanken weiterzuentfalten und zu verbessern trachtet. Er arbeitet ständig mit Kultur und an ihr: Kulturprodukte werden Anlässe für ihre kulturelle Weiterverarbeitung (= mediales Verständnis).

5. Kultur betrifft alles, worüber der Mensch nachdenkt:
Worüber er auf wissenschaftliche, philosophische und religiöse Weise

nachdenkt, um hinter den Zweck und auf den Sinn seiner kulturschöpferischen Handlungen zu kommen. Er denkt nach, auch um dieses Handeln und mit ihm die Kulturentwicklung richtig und damit verantwortungsvoll steuern zu können (= kontemplatives Verständnis)« (ebd., 60; vgl. Schurad 1996, 99 ff.).

Kultur ist also: Lebensformen in allgemeiner und spezieller Ausprägung zu leben, Habitus als Gewohnheit zur richtigen Lebensweise zu etablieren, Bewältigungsformen zur Lösung von Problemen zu nutzen, Lebenspraxis vor dem Hintergrund konkret-anschaulicher und geistig-abstrakter Daseinsweisen zu leben und zu reflektieren. »Unter kulturanthropologischem Aspekt nähert sich der Bildungsbegriff dem Begriff des ›Habitus‹ (Bourdieu 1974) als der ›subjektiven Seite‹ der Kultur, die ihr das Überdauern sichert« (Schwenk 1994, 219).

Duncker (1994) weist dem Elementarunterricht der Grundschule kulturbezogene Aufgabenstellungen in der dargestellten Weite des Kulturbegriffs zu. »Das Erlernen der Kultur wird dabei als zentrale Aufgabe des Elementarunterrichts verstanden. Es muss ihm gelingen, die Prozesse der Individuierung (früher: Personalisation) und Enkulturation als innere Dialektik der Kulturaneignung zu entfalten. Er hat die allseitige Entwicklung der kindlichen Kräfte mit dem Vorgang des Aufnehmens von Wirklichkeit zu verknüpfen. Dies bedeutet, dass er auf Verfahren zurückgreifen muss, in denen die Lesbarkeit der Welt und das kindliche Können und Wollen sich wechselseitig hervorbringen und entfalten. Hierin liegt auch begründet, dass Kultur und Methode eng ineinander verzahnt sind: Methode erschließt Kultur, und Kultur ist nur dort greifbar und ›lesbar‹, wo sie als Methode mit der ihr inhärenten Dialektik wirksam wird und sich dadurch als aneignungsfähig erweist« (ebd., 91; vgl. Schurad 1996, 99).

- **Der Sachunterricht der SfGb** verfolgt einen integrativen Ansatz, indem er durch seine Lernprozesse Mitbeteiligung (Partizipation) am Alltagsleben der Umwelt – im jeweiligen Lebensradius – ermöglicht und Normalisierung als Teilhabe an den kulturellen Standards der Lebenswelt gewährleistet. Integration ist dabei als normaler Prozess der Einweisung in Beteiligungsformen des Lebens zu sehen, Normalisierung als Mitbeteiligung am normalen Leben der Alltagswelt (vgl. Wolf-Stiegemeyer 2001, 145-146), ohne auf einen segregierenden Behindertenstatus abzusehen.

- **Der Sachunterricht der SfGb** traut sich zu, dem kindlichen, jugendlichen und erwachsenen Schüler auch komplizierte und komplexe Themen so anzubieten, dass er sie in seinen Verstehenshorizont zum besseren Weltverstehen integrieren kann. Dabei ist sicher die Methode entscheidend. Wenn die Lehrer der SfGb immer erst auf eine fehlende, weil den Schüler überfordernde Grundlegung verweisen und damit den Status »Geistige Behinderung« auf einen unverrückbaren Spielraum festlegen wollen, wird es ihnen nicht gelingen, dem Sachunterricht der SfGb gerecht zu werden. Eher sollte es darum gehen, ihnen die »Sachverhalte«, welchen diese Schüler in ihrer Alltagswelt begegnen, jeweils und immer wieder in einem Grundkurs zu vermitteln, der ihnen die Möglichkeit bietet, jeweils kleinere Verständniseinheiten in größere Sachzusammenhänge zu integrieren. Dazu zwei Beispiele:
- **1. Beispiel:** Im Rahmen eines Themenunterrichts über die Zeit der Römer sollen die Schüler einer Werkstufe eine Vorstellung von der Größe des Römerreichs entwickeln. (Zuvor wurde versucht, ihnen mit Hilfe einer Zeitleiste und mit einem Rückschritt über die eigene Biographie, die der Eltern und Großeltern, in die Vergangenheitsperspektive den Blick für große Geschehnisse in der Vergangenheit zu öffnen und – am Beispiel der eigenen Lebenszeit – Zeit als Ablauf von Zeit in Vergangenheit, Gegenwart und Zukunft verstehbar zu machen.) Dazu soll das Medium Landkarte hinzugezogen werden. In der Grundschule ist es üblich, den Schülern über die Gewinnung einer Vogelperspektive und die Veranschaulichung des Wohnorts und der Gemeinde aus dieser Perspektive ein Vorverständnis für das Kartenlesen zu bereiten. Mithilfe des selbst erlebbaren Sonnenumlaufs und der in diesem Umlauf zu markierenden Himmelsrichtungen wird – gleichsam im Transfer dazu – die Orientierung gemäß der Festlegung der Himmelsrichtungen auf der Karte festgehalten, so dass die Schüler am Ende eine Vorstellung gewinnen von einer auf eine zweidimensionale Karte in einem bestimmten Maßstab übertragenen Fläche. Wenn wir nun unter der Voraussetzung, dass die Schüler der Werkstufe in etwa in der geistigen Entwicklung mit dem Stand der Grundschüler einer dritten Klasse zu vergleichen sind, dieses Vorverständnis, wenn es denn nicht schon grundgelegt ist, erarbeiten wollen, müssen wir dieselben methodischen Schritte gehen und müssen in einer sehr handlungsreichen Vorgehensweise den Schritt von der real vorhandenen Fläche zu der vorstellbaren Fläche mit vorge-

gebenen Himmelsrichtungen und einem total verkleinernden Kartenmaßstab in einer Unterrichtseinheit vollziehen. Dieser erarbeitete Zusammenhang und Transfer sollte dann in Zukunft durch Fotomaterial aus der ersten Einführung in einem verkürzten Durchgang immer wieder hergestellt werden. Die Zumutung an den Schüler, gleichsam in einem genetischen Verfahren von einer konkreten auf eine höhere abstrakte Ebene geführt zu werden, ist natürlich groß. Man sollte aber nicht außer Betracht lassen, dass der bloße Umgang auf einer Landkarte mit Städten, Flüssen, Gebirgen usw. und den ihnen zugewiesenen Symbolen auch eine gewisse Deutungsmöglichkeit zulässt, da diese Symbole eine logische Nähe zu den abgeleiteten Sachverhalten zulassen. Der Sachverhalt »Zeit der Römer« wird in den größeren Sachverhalt »Geschichte der Menschen« integriert. Der Sachverhalt »Darstellung von Flächen« wird hergestellt durch eine Transferleistung von sichtbaren, konkreten Flächen auf die Ebene der bloßen Darstellbarkeit von abstrakten Flächen in einem bestimmten Maßstab und mit einer festgelegten Orientierung nach Himmelsrichtungen und Höhenunterschieden.

- **2. Beispiel:** Die Schüler sollen im Rahmen eines Verkehrsunterrichts einer Ober- oder Werkstufe den Umgang mit Kartenautomaten lernen. So schwer dieser Vorgang selbst für Erwachsene zu erlernen ist, so wenig gibt es Gründe, den Schülern der SfGb dieses Erlernen vorzuenthalten. Sobald der Lesevorgang so weit gediehen ist, dass die Schüler Piktogramme, Symbole, einfache Wörter und kleine Sätze und Zahlen lesen können, sollen sie in die Benutzung von Fahrkartenautomaten eingeführt werden. Für die Schulen wäre es sicher vorteilhaft, wenn sie sich verschiedene solcher (vielleicht gebrauchter) Automaten zulegen könnten. Die dabei anzuwendende Methode des Erwerbs der Kompetenz wird die Grundbedürfnisse und -vorgänge einschleifen müssen. Hier geht es einmal um das Erkennen der linearen Abfolge von Handlungsschritten, zum anderen um den Zusammenhang von Kartenlösen und Geldwert. Die Automatisierung im Bereich der Dienstleistungen wird in Zukunft sicher zunehmen und die SfGb vor die Alternative stellen, entweder diese Grundkurse vor dem Hintergrund von Selbstbestimmung und Freiheit (Handlungskompetenz) anzubieten oder die Schüler einer dann auch weiter um sich greifenden und wachsenden Unsicherheit und Abhängigkeit auszuliefern. Der Teil der Schüler, welcher die kognitiven und motorischen Voraussetzungen mitbringt, hat im Bereich der Bedienung von Computern und vercomputerisierten Maschinen genügend Vorerfahrungen. Auch hier sollte der Hinweis nicht fehlen, dass die Bedienungsfreundlichkeit der Automaten zunimmt und dass der früh zugemutete Umgang das Errichten von Bedienungsbarrieren und das Einflößen von Angst verhindert.

- **Der Sachunterricht der SfGb** ist bemüht, alle Lebensbereiche der Alltagswelt vor dem Hintergrund einer immer schneller greifenden Globalisierung in den Unterricht einzubeziehen. »Zu den einschneidenden Veränderungen heutiger Erziehung gehören die mit dem Zusammenwachsen der Länder Europas verbundenen Prozesse. Diese wirken sich auf das Imaginäre der Erziehung und den pädagogischen Diskurs der Gegenwart sowie auf das praktische Erziehungshandeln aus. Erziehung kann nicht länger ausschließlich als eine Angelegenheit nationaler Kulturen und Staaten begriffen werden« (Wulf 2001, 139).

Globalisierung soll bedeuten, dass die Welt in ihrem aktuellen Geschehen über die Medien überall präsent ist und das Tagesgeschehen in der Kommunikation der Menschen untereinander bestimmt. Hier ist der Verweis auf die Medienwelt unabdingbar. Eine schnelle Umfrage in der Schule über den Medienkonsum, vornehmlich im Bereich von Fernsehen und Video, kann Pädagogen in Staunen versetzen. Obgleich es zur Zeit wenige und gar keine Untersuchungen darüber gibt, was in dieser Medienwelt und wie es von geistigbehinderten Kindern und Jugendlichen konsumiert wird, kann ein Hinweis aus der Kinder- und Jugendsoziologie doch Annahmen erhärten. »Medienverhalten in der Familie« (Leitner 1999) wird wie folgt dargestellt: »Vor dem Hintergrund differenten Erzieherverhaltens kann sich u. a. der Einfluss von Medien ganz unterschiedlich auswirken. Nach Befunden von Glogauer verfügen bereits 62% der 9- bis 10jährigen über ein eigenes Radio, 52% über einen Radiorekorder und 34% über einen eigenen Fernseher. 14% können über einen eigenen Videorekorder verfügen, 29% besitzen einen Kindercomputer und 62,5% einen Walkman. Bei den 6-8jährigen zeichnet sich ein ähnlicher Trend ab. [...] 35% der 6-8jährigen sitzen ca. 30 Stunden in der Woche vor dem Fernseher, 20% werden von Glogauer als Exzessivseher mit bis zu 40 Stunden Fernsehkonsum pro Woche eingestuft. Besorgnis erregend ist für Zielinski die Tatsache, dass 76% der Kinder angaben, allein, d. h. ohne Kontrolle, vor dem Fernseher zu sitzen. Dieser hohe Anteil ist offenbar nicht nur einer Flut divergierender Einflüsse, sondern auch einem höchst verantwortungslosen Erzieherverhalten ausgesetzt« (ebd., 134; vgl. Brunold 2000, 136).

In ähnlicher Weise äußert sich Zinnecker (2000): »Das Besondere an den neuen Jugend-Autoritäten der Medien- und Konsumindustrie ist, dass sie ihre Bindung an das Moratoriumsprojekt der Aufklärung längst aufgekündigt haben. Eine ähnliche Entwicklung zeichnet sich in den letzten Jahren auch für die Beziehung zur Kindheit ab, wenn man beispielsweise die Entpädagogisierung der Spielzeugindustrie als Indikator nimmt« (ebd., 60). Schüler erfahren also über die Medien von einer zusammenwachsenden Welt. Katastrophen in Teilen der Welt, Kriege und Revolutionen, Umweltverschmutzungen globalen oder eingeschränkten Ausmaßes, kulturelle Vielfalt auf den verschiedenen Kontinenten, Kooperation von Menschen unterschiedlicher Rassen und Nationen in den Bereichen Freizeit, Konsum, Sport etc führen dazu, dass die tägliche Bilder- und Informationsflut einer Strukturierung bedarf, die sowohl erklärend als auch methodisch anleitend, den Schülern Verständnishilfen für das Verstehen dieser rasant sich entwickelnden Welt bietet.

So wird der Sachunterricht der SfGb sich auch der Thematik dieser Folgen von Globalisierung annehmen müssen. Deshalb sind Bereiche des Sachunterrichts wie »Zeit – Zeitläufte – Zeitgeschichte« oder »Gemeinschaftskunde – Politik« oder »Religion – Glaube« für den Unterricht in der SfGb unverzichtbar und begründen eine erweiterte Form von Sachunterricht, der keiner Propädeutik auf eine spätere Fachspezialisierung verpflichtet ist, sondern das Anliegen vertritt, Welt im Horizont eines täglich erlebbaren Zusammenhangs von Geschehnissen verstehbar zu machen. Wenn man dem entgegenhält, dass die Schüler, zumal der oberen Stufen, damit überfordert werden, kann zur Erwiderung nur das Argument gelten, dass es bei der Fülle der verstandenen, kaum verstandenen und gänzlich nicht verstandenen Informationen einer Strukturierung der Erfahrungen bedarf im Sinne einer Vernetzung, welche die Zuweisung zu Erfahrungsbereichen zulässt und so ein gedankliches Ordnungsgefüge vorgibt, in das sich die wichtigsten Sachverhalte einordnen lassen.

- **Der Sachunterricht der SfGb** ist dem interkulturellen Lernen von Schule allgemein verpflichtet: Die SfGb wird auch von Kindern ausländischer Eltern besucht. Entweder sind sie eingebürgert und gelten als Deutsche – auch in Anwartschaft – oder die Eltern haben einen Asylantenstatus und damit ihre Kinder das Recht, eine deutsche Schule zu besuchen. Im Vordergrund steht dabei weniger das sprachliche Problem als vielmehr die Überforderung der Eltern mit dem behinderten Kind und Sichtweisen dazu, die sie aus ihrem Mutterland mitbringen. Das kulturelle Zusammenwachsen in der Schule nimmt ganz selbstverständlich Bezug zu den Herkunftsländern der Kinder, sei es in der Weise einer anderen Ernährung und einer ihr folgenden Kulturtradition, sei es durch Übernahme besonderer Kulturgüter (Musik, Tanz etc.). »Die Zielsetzung interkultureller Erziehung lässt sich [...] so umreißen: Sie will ethnozentristischem, ausländerfeindlichem, rassistischem Denken entgegentreten und zu einem möglichst gleichberechtigten Miteinander der Menschen verschiedener Kulturen beitragen. Die Herkunftskultur und die in der Migration sich entwickelnde Migrantenkukltur hat sie gleichberechtigt einzubeziehen, denn die Stärkung des kulturellen Selbstbewusstseins von Migranten ist Voraussetzung für alle Integrationsprozesse, auch für den Schulerfolg. Interkulturelle Erziehung wendet sich zugleich an Deutsche, die lernen müssen, die multikulturelle Situation, in der sie leben, mit Vernunft, Verständnis und Toleranz zu meistern« (Sandfuchs 1999, 161).

- **Der Sachunterricht der SfGb** ist dem ökologischen Denken und Handeln verpflichtet: Wenn es um die Sache an sich geht, z. B. im Zusammenhang des modernen Lebens, dann geht es direkt um Zukunftsfähigkeit und Verantwortung vor der Menschheit schlechthin trotz der Widersprüche, welche die sogenannten demokratischen Staaten des Westens bezüglich des Raubbaus an der Natur, an den Ressourcen provozieren. Wenn es heute um die Sache der Schule geht, dann geht es auch um Beteiligung an der Zukunftsfähigkeit, an der Verantwortung gegenüber Mensch, Tier und Pflanze, an der Mitverantwortung gegenüber den Sachen der Welt, seien es nun in der Natur auffindbare, seien es vom Menschen gestaltete, seien es vom Menschen gemachte und für den Verbrauch bestimmte. Wenn Schule noch dazu ein Lebenskreislauf ist, muss dieser anschließbar sein an die Kreisläufe der Lebenswelt außerhalb der Schule. Früher pflegte man von Prinzipien zu sprechen, die im Unterricht beachtet werden müssten. Heute spricht man im Zusammenhang mit Schule und Unterricht eher davon, dass das ökologische Lernen sowohl in der Schule wie außerhalb im Fokus pädagogischen, erzieherischen Interesses steht. Soweit gilt das auch für die SfGb. Die vom Sachunterricht eingebrachten »Sachen« stehen immer unter dem Vorbehalt,

- *dass* sie dem Menschen überantwortet sind,
- *dass* sie ihm als »Lernsachen« aufgegeben sind,
- *dass* sie, um den schönen, neuen Begriff aus der Politikersprache zu übernehmen, »nachhaltig« in das Gefüge des Schönen, Guten, Erhaltenswerten, Schützenswerten, Lebenswerten eingebaut sein müssen.

Die Sachbereiche »Natur – Pflanzen – Tiere« stehen z. B. in besonderer Weise in der Obhut des ökologischen Denkens, weil das Co-Habitat Mensch-Tier-Pflanze nur einen einzigen Lebensraum hat, der schützenswert ist.

Der Sachbereich »Einkauf« kann sich als ökologisch bedeutsam ausweisen, wenn er denn die ökologisch wichtigen Sachen an den Schüler bringt:

- *Sachen*, die verzehrt werden, sollten schadensfrei sein, sollten dem Menschen nicht schaden, sollten integrierbar sein in eine vernünftige, ökologisch sinnvolle Lebensweise.
- *Sachen*, die verbraucht werden, sollten als Wertstoffe behandelt werden und wieder einem Nutzen zugeführt werden.
- *Sachen*, die »abfallen«, sollten in ein Aufbewahrungssystem überführt werden.

Dieser ökologisch fundierte Sachunterricht in der SfGb funktioniert am besten dann, wenn die Schüler in der Schule dieses ökologische Unterrichtsprinzip von Anfang an wie selbstverständlich in ihr Lern- und Lebensprogramm als Schüler übernehmen.

2 Basiskomponenten des für den Sachunterricht in der SfGb vorgesehenen Curriculums

- Alters- und Entwicklungsbezogenheit in ihrer Polarität und Konsonanz für das Lernen des geistigbehinderten Schülers
- Angebotsvielfalt aus den lernrelevanten Themenbereichen der Alltagswelt/Lebenswelt
- Stufenbezogenes Anspruchs- und Anforderungsniveau
- Konsequenz und Konsistenz bezüglich des spiralförmigen Aufbauprinzips
- Hilfestellung zum nachhaltigen Aufbau eines sinnvollen Weltbilds
- Fachbezogene und Fächer übergreifende Unterrichtsplanungen
- Thematische Strukturen
- Reduktion von Komplexität
- Offenheit in den thematischen Strukturen
- Ganzheitlichkeit des Curriculums Sachunterricht als Anspruch an den Zusammenhalt der Teilcurricula

2.1 Alters- und Entwicklungsbezogenheit des geistigbehinderten Schülers

Bei aller Verschiedenheit der Definitionen und Ansichten über eine geistige Behinderung, bei allem guten Willen, diesen Sachverhalt im Sinne eines Aufweises von (eingeschränkten) Lernmöglichkeiten möglichst positiv darzustellen, muss man doch im Hinblick auf die Entwicklung meistens altersgleicher Schülerinnen und Schüler in den Klassen der SfGb sagen:

- Der geistigbehinderte Mensch liegt in seiner geistigen, besser: intellektuellen Entwicklung gegenüber dem gleichaltrigen Schüler um einige Jahre zurück.

  Wenn Kinder mit geistiger Behinderung in die Schule kommen, unterscheiden sie sich in ihrem sprachlichen, motorischen, sozial-emotionalen, wahrnehmungsbezogenen senso-/psychomotorischen Verhalten wesentlich von gleichaltrigen Kindern ohne eine solche Behinderung. Ihre kognitiven Ansprüche, so sehr sie auch divergieren, da man kaum von einem einheitlichen Verhalten ausgehen kann, sind auf einer tieferen Entwicklungsstufe angesiedelt, z. B. unter Verwendung der genetischen Entwicklungspsychologie von Piaget (vgl. ebd. 1995, 34). So beschreibt Neise (1999) die kognitive Entwicklung abschließend: »Ein Teil der Geistigbehinderten erreicht durchaus Piagets Stufe des vorbegrifflich symbolischen und auch in einigen Teilbereichen die Stufe des anschaulichen Denkens. Somit bleibt festzuhalten, dass die kognitive Entwicklung Geistigbehinderter sich vornehmlich im konkret Anschaulichen vollzieht. Ausschlaggebend ist der Grad und das Ausmaß der Behinderung. Die zentrale kognitive Leistung wie Begriffsbildung, Abstraktion, schlussfolgerndes Denken etc. bleibt am stärksten betroffen« (ebd., 139; vgl. Sencke 1994, 286-289).

Wenngleich ich diesen Angaben sehr kritisch gegenüberstehe (vgl. Dreher/Heinen 2000, 290-291), weil sich eine so große Bandbreite einer geistigen Behinderung kaum definitorisch-begriffstypisch einkreisen lässt, weil es gerade auch in der SfGb eine Gruppe von Schülern im Grenzbereich der geistigen Behinderung-Entwicklung gibt (Übergänge aus der Schule für Lernbehinderte in die SfGb), die solche Angaben aufgrund einer durchaus weiterentwickelten Intelligenz auf höherem Niveau Lügen strafen, weil es immer auch große intraindividuelle Dissonanzen in der kognitiven Kompetenz einzelner Menschen mit geistiger Behinderung gibt, weil gerade auch die Auseinandersetzung mit den Neuen Medien (Fernsehen, Video, Computer) für Menschen mit geistiger Behinderung eine große Herausforderung darstellt und weil die zunehmende Alphabetisierung hier einen hervorragenden Beitrag leistet, so meine ich doch annehmen zu können, dass das herausragende Merkmal der geistigen Behinderung/intellektuellen Schädigung eben das kognitive Verhalten auf einer anderen als der altersgleichen Stufe mit so genannten normalen Menschen ist.

- Der geistigbehinderte Schüler ist in seiner Selbstständigkeit und Selbstversorgung bei Eintritt in die Schule auf einem niedrigeren Versorgungsstand. Gerade im Bereich der Kulturtechniken Essen, Selbstversorgen zeigen sich erhebliche Unterschiede zur normalen Alterspopulation. Beim Eintritt in die Schule steht oft in der vorgeschalteten Vorstufe im Vordergrund, Sauberkeit zu trainieren, Kulturformen des Essens und Trinkens grundzulegen, Sozialformen im Umgang mit anderen Kindern anzulernen, ein gewisses Anforderungsniveau anzubilden. Bei schwerer behinderten Schülern steht bisweilen die Versorgung, Pflege und Betreuung im Vordergrund.

- Die Beteiligungsformen am Leben in seiner Umwelt/Mitwelt sind mitunter stark eingeschränkt. Er ist zum Beispiel oft nicht daran gewöhnt, seine Umwelt zu erforschen, Erkundungen vorzunehmen, weil sein Behindertenstatus schon im Elternhaus Verhinderungen hervorgerufen hat, die nicht alterstypisch sind.
- Die behinderungsbedingten (Behinderung als Resultante aus angeborenen, geschädigten und konsekutiven Lernvoraussetzungen) Beteiligungsmöglichkeiten am Leben und Erleben der Umwelt gründen oft auf gestörten Beziehungen zu derselben, so dass sich Formen der Auseinandersetzung mit der Umwelt festigen können, die nicht zugleich Wachstum und Lernfortschritt bedeuten, sondern eher Sonderformen sind.
- Zu der Minderung der geistigen/intellektuellen Entwicklung kommen motorische und sprachliche Retardierungen und entwicklungshemmende Auffälligkeiten. Gerade die sprachlichen Retardierungen und Auffälligkeiten geben immer wieder Anlass zum Streit zwischen den Schulbehörden und Kassenärztlichen Vereinigungen auf der einen Seite und den Eltern und Fachleuten auf der anderen Seite. Es geht um die Frage, ob der Mensch mit geistiger Behinderung Anspruch auf Therapie hat. Natürlich hat er das, soweit es sich um therapeutische Bedürfnisse handelt, die bei ihm wie bei jedem anderen Menschen professionell durch einen Logopäden therapierbar sind wie Stammeln, Stottern etc. Alle Beeinträchtigungen seiner geistigen Behinderung zuzuweisen und damit der SfGb auch eine Therapieaufgabe aufzuhalsen, die sie gar nicht leisten kann, wird dem Sachverhalt nicht gerecht.
- Die Darstellung seiner geistigen Behinderung muss oft im Verbund mit einer Mehrfach- oder Schwerstbehinderung gesehen werden, die hinwiederum Einfluss auf das Erleben und Wahrnehmen der Umwelt hat und Aktivitäten mit ihr hemmt und behindert. Die schwerstbehinderten Menschen mit geistiger Behinderung stehen oft in der Gefahr, in eine Therapie-Ecke abgedrängt zu werden, um ihnen – oft völlig unbedacht – den Kontakt mit der Alltagswelt zu ersparen. Natürlich muss viel daran gelegen sein, sie in die alltägliche Lebenswelt einzubringen. Alltag darf hier nicht definiert werden als ein für sie speziell zugerichteter Alltag, sondern als der Alltag, an dem »Jedermann« aufgrund der Öffentlichkeit seines Angebots teilnehmen kann.

- Die Begegnung mit der Sache kann also nur für ihn sinnvoll sein, wenn zugleich mit der Beschreibung der Ausgangssituation die Bedürfnislage dargestellt wird, in der er sich befindet. Und Bedürfnislage bezieht sich auf die allgemein menschlichen Bedürfnisse und deren kulturelle Befriedigung.

Das heißt: Seine Umwelt fordert ihn in dem Maße heraus, wie sie ihn altersgemäß und sozio-kulturell herausfordern kann. Mit 6 Jahren wird er als Schulkind angesehen, das in die Schule kommt und aus der Frühförderung und dem Kindergarten entlassen ist. Die Bedürfnisse dieses Schulkinds sind kulturspezifisch geprägt. Sein Aussehen, sein Konsumverhalten, seine Befriedigungsmechanismen sind kindliche Formen der Anpassung und Auseinandersetzung mit seiner kulturell geprägten Umwelt. Mit 12 Jahren wird er sich anders orientieren, werden altersgleiche Beweggründe sein Handeln bestimmen. Mit 16 Jahren wird er von seiner Umwelt, seinen Mitmenschen als Jugendlicher definiert, der sich im Umfeld der jugendlichen Subkultur bewegen wird. Mit 20 Jahren wird er – auch aufgrund seiner Entwicklung als Geschlechtswesen – seinen Erwachsenenstatus einfordern, sei es durch seine Interessensbildung, sei es durch seine Kleidung, sei es durch seinen sozial geprägten Erwachsenenhabitus, z. B. in dem subkulturellen Milieu der Gleichaltrigen.

- Zu der Orientierung an der Altersstruktur gleichaltriger Mitmenschen, an den vorfindbaren Milieus seiner Umwelt kommt erschwerend hinzu, dass seine Behinderung diese Definition des Altersstatus erschwert. In dieser Sachlage meldet sich die Integrationsfrage deutlich an: Die Zugehörigkeit zu den Gruppen und Subkulturen der Kinder, Jugendlichen, Erwachsenen wird altersgemäß definiert. Er muss also in dieser Zielrichtung gefördert werden.
- Entwicklungsförderung und Altersgemäßheit stehen nicht zwangsläufig in Widerspruch zueinander.
- Vielleicht gilt auch hier: »Der Lebensraum- und Daseinsgestaltung kommt daher gegenüber der Umwandlung von Potenzen in Kompetenzen das Primat zu. Letztere wird sich ebenfalls nicht outputorientierte Produktivität zum Ziel setzen können, sondern sich im wesentlichen auf die optimale Selbstproduktion des Behinderten zu konzentrieren haben: Je situationsgemäßer sich nämlich ein Mensch zu präsentieren vermag, um so geringer wird die behinderungsbedingte Situationsbelastung für die Umwelt. Sein aktives Entgegenkommen [...]

ist gewissermaßen sein Beitrag für die gemeinsame Daseinsgestaltung« (Kobi 1999, 26-27). Übertragen auf den Raum der Schule könnte das heißen: Die unterschiedlichen Diskrepanzen des geistigbehinderten Schülers bezüglich des Verhältnisses seiner Alters- und Entwicklungsgemäßheit lassen sich am besten in einem Siuationsfeld (Lebenssituation als Lernsituation) aufarbeiten, das ihm altersgemäße Anreize und didaktisch planbare Überforderungen bietet.

Müßig zu sagen, dass ein geistigbehindertes Kind nicht die kognitiven Möglichkeiten, d. h. die Intelligenz eines altersgleichen Kinds ohne diese Behinderung hat. Doch bleiben gewisse Tatsachen unverrückbar, mit denen sich das behinderte Kind auseinandersetzen muss:

- Es wird immer – wie schon erwähnt –, solange es Kind ist, als Kind angesehen, und zwar von altersgleichen und altersverschiedenen Kindern, von den Erwachsenen und Jugendlichen. Insofern wird es immer einer bestimmten Altersgruppe zugewiesen.
- Damit einher geht die Erwartung der Umwelt, dass das behinderte Kind den Altersansprüchen genügen muss, auch wenn die Eltern das oft anders sehen. Die Erwartungen der genannten Gruppierungen (Subkulturen) richten sich also an diesem Maßstab aus.
- Insofern wird es permanent auf einem Level angesprochen, den es vielleicht noch nicht erreicht hat, aber den anzustreben es vielleicht oder irgendwie in der Lage ist.
- Nicht nur Personen, sondern auch die kindgemäßen Objekte seiner Umwelt, seien es Spielsachen oder die kindgerechte Ausführung normaler Objekte, fordern es heraus und sind somit ein ständiger Ansporn für das behinderte Kind oder den behinderten Jugendlichen.

Auf diesen permanenten Prozess der Anforderung oder auch Überforderung antwortet der behinderte Mensch mit Reaktionsmustern, die entweder der weiteren Entwicklung hinderlich sind oder aber förderlich. Wenn sie hinderlich sind, stellt die pädagogisch fürsorgende Umwelt entsprechende korrigierende Hilfen zur Verfügung. Wenn sie förderlich sind, werden die dadurch bedingten Verstärkungsmuster zu einer weiteren Angleichung an die Normalität der Herausforderungen führen. Auch Normalität findet immer in einem Toleranzbereich statt, weil es den Durchschnittsmenschen und Durchschnittsschüler nicht gibt, solange es keine geklonten Menschen (?) gibt. Wenn er aufgrund dieser vorgenannten Faktoren ein gestörtes Selbstkonzept (entwickelt) hat, ist dieses nicht verwunderlich. »Viele Geistigbehinderte zeigen ein rudimentäres, negatives, unrealistisches Selbstkonzept. Schon bei der Entwicklung des Körperschemas ergeben sich Schwierigkeiten. Manche haben zu ihrem Körper oder zu Körperteilen objekthafte Beziehungen. Die steuernde Ich-Entwicklung ist erheblich verspätet und bei vielen defizitär. Das Selbstkonzept wird wesentlich von den sozialen Erfahrungen der frühkindlichen Sozialisationsphase abhängen. Da aber viele Geistigbehinderte aufgrund einer inadäquaten und oft nicht gelungenen Schockverarbeitung der Eltern in ihrer frühen Kindheit nur geringe Akzeptanz und wenig emotional getöntes Verhalten erfahren haben, ist schon von den ersten Anfängen an eine gesunde Selbstkonzept-Entwicklung wenig wahrscheinlich« (Neise 1999., 144).

2.2 Angebotsvielfalt aus den lernrelevanten Themenbereichen der Alltagswelt/Lebenswelt

Jetzt ist der Ort, wo wir uns für das – auch pädagogisch und didaktisch sinnvolle – Lebensweltkonzept entscheiden müssen. Lebenswelt in der Beschreibung von Alltagswelt mit bestimmten Merkmalen bedeutet einerseits Angebotsvielfalt, der der junge Mensch gegenübersteht, bedeutet andererseits, dass die Verklammerung des jungen Menschen mit ihr auf der Grundlage von Bedürfnissen, Erwartungen und Befriedigungen im Wissens-, Erlebnis- und Wahrnehmungshorizont des jungen Menschen stattfindet. Begegnung ist immer zugleich Erwartung und Herausforderung, ist immer zugleich Zuhilfenahme bisheriger Erfahrungen und Wahrnehmungstechniken, ist immer zugleich Rückblick auf Erlebtes, Erfahrenes, Sediertes und Ausblick auf Neues, bislang Nicht-Erfahrenes, Herausforderndes, Überforderndes, Nicht-Beobachtbares, Nicht-Brauchbares.

Was ist nun Lebenswelt in der eingeschränkten Konzeption von Alltagswelt/alltäglicher Lebenswelt?

Zunächst bedarf es sicher einer – wenn auch bescheidenen – Klärung in der Benutzung der Begriffe Welt, Lebenswelt, Alltagswelt. Alltagswelt/Lebenswelt (Berger/Luckmann 1980; vgl. Schründer 1982, 303-311; vgl. Schütz/Luckmann 1979; vgl. Meyer-Drawe 1986, 505-511; Daum 1998, 47 ff.) wird in unserem Konzept als Umweltbereich des Schülers identifiziert, der durch das Handeln in den Alltagsbereichen die Möglichkeit des handelnden Umgangs mit der Welt erhält und gleichzeitig über Handeln,

Wissen und Erleben aus situativen Bezügen heraus die übersituative Konstitution der Welt erfährt oder ihm erfahrbar gemacht wird. Klattenhoff (1986) definiert Heimat »als das durch den historischen Prozess bedingte, räumlich-territoriale und gesellschaftliche Umfeld des Menschen, zu dem er einen lebensbedeutsamen Bezug herzustellen vermag« (ebd., 467) und zählt dann gleichsam vier konstitutive Elemente dieses Umfeldes auf:

- »in dem er [der Mensch; d. V.] die Auswirkungen seiner natürlichen, sozialen und kulturellen Umwelt auf sich erfährt und in dem er sich gemeinsam mit anderen Menschen als Mitgestalter dieser Umwelt verstehen kann«,
- »in dem er seine persönliche und soziale Identität suchen und sein Bewusstsein ausformen kann«,
- »in dem er seine Gegenwart in ein Kontinuum von bewusst reflektierter Vergangenheit und erwarteter Zukunft eingebunden weiß«,
- »in dem er sich emotional als dazu gehörend und akzeptiert empfinden und deshalb Geborgenheit fühlen kann« (ebd.).

Das so definierte, von uns »Heimat« genannte Umfeld, in dem der Mensch gleichsam seine »territoriale Identität« (Klattenhoff) entwickeln darf, stellt sich natürlich für den Heranwachsenden als Prozess des Hineinwachsens in diese konstitutiven Elemente dar, mit deren Hilfe er seine Identität aufbauen kann. So stellt Alltagswelt die Welt der Normalität dar, in welcher »Jedermann« lebt und seine »familiale«, gesellschaftsrelevante Umwelt hat.

So stellt Lebenswelt aber auch – jetzt zusammenfassend und pragmatisch vordergründig wie allumfassend hintergründig – »einen personalen, intersubjektiven, sachlich-pragmatischen, sinnrelevanten, typischen, Handlungsfähigkeit und -möglichkeit (Freiheit) sichernden Zusammenhang dar, der uns so selbstverständlich erscheint, dass wir ihn in seiner Vordergründigkeit als natürlich gegeben hinnehmen, der uns andererseits wieder in der Reflexion so problematisch erscheint [...], dass wir ihn zur Sicherung unserer persönlichen Freiheit und ethischen Verantwortbarkeit ständig hinterfragen müssen. Beides, das selbstverständliche Spiel fester Regeln und Erwartungen, das zerbröckelnde Pathos der Alltäglichkeit bei plötzlichen Einbrüchen und Infragestellungen, gehört in dieser alltäglichen Lebenswelt als Welt des und der Menschen zusammen und spiegelt eine Kulturwelt wieder, die die Dimensionen menschlicher Handlungsfähigkeiten im Guten wie im Bösen kaum ausschöpfen kann« (Schurad

1995, 176). In dieser alltäglichen Lebenswelt besteht die Gemeinschaft der Menschen als nicht hintergehbare Gemeinsamkeit in der Kultur und Geschichte.

Wenn wir uns einen Menschen im Mittelpunkt eines Kreises vorstellen, der sozusagen von Alltagswelt im Sinne einer Umwelt – »Um mich herum ist *Alltagswelt*, die für mich Begegnungs-, Handlungs-, Erlebnischarakter hat, um mich herum ist *alltägliche Lebenswelt*, der ich in den verschiedensten und immer wieder für mich neuen Sektoren begegne, die mich aufgrund unterschiedlichster Bedürfnisse und ihrer festgefügten Bedürfnisbefriedigungen vereinnahmt und durch Wünsche, Vorstellungen, Interessen und Begierden herausfordert, um mich herum ist *Lebenswelt* als ein Ganzes, der ich durch die Herausforderungen des Lebens schlechthin allein gegenüberstehe, um mich herum ist *Welt* als Rätselhaftes, Ganzes, Undurchschaubares, Chaotisches, immer wieder über mich Hinausragendes« – umgeben ist, also Alltagswelt als das bezeichnen, was situativ – der Mensch ist immer in Situationen, die seine Alltagswelt bestimmen – um ihn herum ist, dessen Mittelpunkt er als Subjekt des Geschehens ist, mit dem er als Leibsubjekt in einem koexistenziellen Verhältnis steht, dann treffen wir mit dieser phänomenologischen Aussage den eigentlichen Bezugspunkt, von dem aus Welt als orientierte, gestimmte, handlungs- und erlebnisbezogene erlebt und wahrgenommen wird (vgl. Seibert 1999, Vorwort 18; vgl. Daum 1998, 53 f.).

»Begreifbar nur aus seinem Verhalten zu Welt, bietet sich der Leib in phänomenologischer Betrachtung nun in denjenigen Aspekten, in denen sich das Verstehen solchen Verhaltens differenziert nach Maßgabe verschiedener Ausprägungen seines Umweltbezugs. Es sind deren drei aufweisbar: als gestimmter Leib ist der Leib Träger von Ausdrucksverhalten, als handelnder Leib ist er Ausgangspunkt zielgerichteter Tätigkeit, als Einheit der Sinne ist er Zentrum der Wahrnehmung« (Ströker 1977, 20). Von dieser Leibmitte aus gelingt ihm, auch dem Menschen mit geistiger Behinderung, allmählich – in Abhängigkeit von Entwicklung und Wachstum, von Behinderung und Förderung – der Zugriff auf die Welt, der kognitivisch in der Gegenübersetzung von Subjekt und Objekt eine Strukturierung als »Ordnen des Tuns« der konkreten Situation und deren Einordnung in erlebbare und – in der Reflexion – nachvollziehbare Sinnbezüge möglich macht. Dieser Zugriff auf die Welt, sowohl in seiner »vermittelten Unmittelbarkeit« wie in seiner reflexiven Bezugnahme, erlaubt dem Menschen auch, für die ihn umgebende Alltagswelt, die immer auch die konkrete Lebenswelt des einzelnen Heranwachsenden ist, Verstehbarkeit bezüglich der konkreten Situation und der ihnen zuzuordnenden Situationsfelder herbeizuführen. Indem wir z. B. lebensweltliche Strukturen wie Räumlichkeit, Zeitlichkeit, Sozialität und Funktionalität in der einzelnen Situation als typische Sinn- und Bedeutungsmomente dieser Situation ausweisen, die aber gleichzeitig einen Zusammenhang mit dem kategorialen Situationsfeld herstellen, in dem sie jeweils einen unterschiedlichen und damit typischen Ausprägungsgrad erreichen, zeigen wir über die einzelne Situation hinaus – vom Konkreten zum Allgemeinen, von konkreten, konstitutiven Situationsmomenten zu kategorialen Bedeutungs- und Sinnzusammenhängen, von der Alltagswelt als Lebenswelt zur Welt des Allgemeinen schlechthin (Weltbild) – Verstehbarkeit an, die sich schließlich als lebensweltlich strukturierte Verstehbarkeit und Sinnorientierung für den Welt-Bereich ausweist, den wir in einer übergeordneten Weise *Weltbild* nennen und der uns ein Heimisch-Werden in den einzelnen kategorial bestimmbaren Sinnbezirken der Welt ermöglicht. Verstehbarkeit bedeutet hier Sinn-Orientierung nach Maßgabe planbarer und konkreter Handlungsvollzüge und nach Maßgabe einer der konkreten Situation und ihr zugehöriger Situationsfelder zuzuordnenden Kategorie, die wir *als pädagogische und didaktische Kategorie* zu deuten versuchen. Pädagogisch deshalb, weil sie als Welt-Ordnungskategorie eine Bildungsfunktion übernehmen soll, als didaktische Kategorie deshalb, weil sie durch Schule und Unterricht, durch Leben und Lernen vermittelbar sein soll.

Angebotsvielfalt aus den lernrelevanten Themenbereichen der Alltagswelt/Lebenswelt bedeutet also:

- *dass* Alltagswelt/Lebenswelt eine wohl geordnete Vielfalt von Lebensbereichen darstellt,
- *dass* der Mensch als erlebender, handelnder, wahrnehmender, denkender, fühlender in sie von seiner Leibmitte aus eingebunden ist,
- *dass* die von uns verwendeten Ordnungskategorien – räumliche, zeitliche, soziale, funktionale Bestimmbarkeit der Situationen und Situationsfelder/der lebens- oder alltagsweltlichen Bereiche – einer Überführung in didaktische Kategorien bedürfen,
- *dass* weniger Vollständigkeit als vielmehr strukturale Verfasstheit Verstehen der Alltagswelt herbeiführt und sie lebbar und erlebbar macht,

- *dass* Handlungsbezogenheit immer auch Sinnbezogenheit bedeutet,
- *dass* statt Willkür der Themenauswahl Ordnung und Systematik der didaktisch relevanten Auswahl vorherrschen,
- *dass* Sachbereiche als alltagsweltliche Lebensbereiche fungieren, aus denen heraus wir normalerweise unser Leben gestalten.

Bezogen auf den Menschen mit geistiger Behinderung könnten wir abschließend feststellen:

- »Der geistigbehinderte Mensch lebt in unserer Kulturwelt und partizipiert an ihr, wie er auch [...] zu ihrer Gestaltung beiträgt, ganz naiv durch sein alltägliches Handeln und Tun, ganz selbstverständlich durch sein Mitwirken an den vorstrukturierten und von ihm selbst strukturierbaren Lebensprozessen.
- Auf dem Wege zur höchstmöglichen Erwachsenheit nimmt er an Bildungsprozessen teil, die ihm die Lebenswelt im Sinne einer wirkmöglichen Denk- und Handlungsfähigkeit nahe bringen, die ihn dazu anleiten, seine Freiheit zu denken und zu handeln im Rahmen der vorstrukturierten Alltagswelt zu nutzen.
- Der korrelationale Vermittlungsprozess zwischen Subjekt und Lebenswelt – die Person handelt auf der Grundlage der situationsspezifischen An- und Herausforderungen, Alltagswelt gibt feste Strukturen vor, innerhalb derer sich die Person einen Spielraum für Denken und Handeln erobern kann – kann aber nur gelingen, wenn die Identitätsbildung des geistigbehinderten Menschen in der konkreten Lebenswelt stattfindet, sich gleichsam an die räumlichen, zeitlichen, funktionalen und sozialen Strukturen der Lebenswelt anbindet, der Bildungsprozess also Subjekt und Lebenswelt/Alltagswelt möglichst nahe aneinanderrückt, damit Bildung auch als Bildung der Identität stattfinden kann« (Schurad 1995, 72).

2.3 Stufenbezogenes Anspruchs- und Anforderungsniveau

Schon bei der Diskussion darüber, was nun geistige Behinderung sei, tauchte die Frage auf, inwieweit das Lernen des Menschen mit geistiger Behinderung sich an den normalen Ablauf halte, in dem Entwicklung stattfindet, oder ob er andere Entwicklungsverläufe durchmache. Als Beispiel greifen wir auf die Entwicklung des Lesens und Schreibens zurück (vgl. Schurad 1999). Wie schon erwähnt, stellt das Stufensystem der SfGb eine didaktische Notwendigkeit dar, den Menschen mit geistiger Behinderung altersentsprechend zu fördern. Vordergründig werden Faktoren wie Wachstum, Sexualität u.a.m. angeführt, um das Kind-Sein, Jugendlicher-Sein und Erwachsener-Sein auf eine Vielfalt von Lernangeboten zu beziehen, die den Schüler altersgemäß und oft auch entwicklungsgemäß ansprechen. Natürlich sind es entwicklungspsychologische, sozialpsychologische, soziale Faktoren, die die Unterrichtsangebote jeweils anders bestimmen. Anspruchsniveau gilt als Auslöser vonseiten des Schülers. Anforderungsniveau ist die didaktische Antwort auf seine nunmehr sich verändernden Bedürfnisse und Erwartungen. Soweit die Alltagsweltsegmente als Anforderungen des Sachunterrichts in einer didaktischen Spirale auf jeweils unterschiedlichem Niveau darstellbar sind, stehen sie einerseits in einer Kontinuität der Themen, der Situationsfelder, weisen sie andererseits Differenzierungen, Themenausweitungen, höhere Anforderungen an Denken und Lernen aus, denen der Schüler mit einem veränderten Lernverhalten auf höherem Lernniveau begegnen kann. Soweit diese Voraussetzungen des veränderten Denkens, Wahrnehmens, Handelns gegeben sind, wird der Schüler ihnen gerecht. Soweit sie durch die Behinderung nicht in dem beschriebenen Ausmaß vorhanden sind, müssen doch altersgemäße Ansprüche, Neuorientierungen, veränderte Sichtweisen an den Schüler herangetragen werden, sei es in einem eher individuellen Bemühen, sei es in einem langsameren Lerntempo.

- **Beispiel 1:** Der Schüler einer Mittelstufe, etwa im Alter von 12 Jahren, wird im Bereich »Verkehr – Orientierung« in eine Situation zunehmender Anforderungen für die Orientierung im Straßenverkehr gebracht. Das strukturierte Konzept »Straße« als Teilbereich für Stadtverkehr setzt voraus, dass der Schüler die Ampelnutzung kennt, dass er den Zebrastreifen benutzen kann, dass er zunehmend selbstständig auf Verkehrsfluss und Ansammlung von Menschen reagieren muss. Unter der Voraussetzung, dass dieser Bereich in der Unterstufe entsprechend dem Anforderungsniveau des Curriculums behandelt wurde, entsprechende Erprobungen vonseiten der Klasse durchgeführt wurden, wird er den veränderten Bedingungen zunehmend gerechter begegnen, soweit sie in entsprechender didaktischer Aufbereitung angeboten wurden. Der Schüler im Rollstuhl wird, soweit er sich nicht selbst fortbewegen kann, denselben Situationen ausgesetzt. Da sein verkehrsgerechtes Handeln eingeschränkt ist, wird er entsprechender sprachlicher, bildlicher Darstellungen bedürfen, um Verstehen dafür grundzulegen, um das Stellvertreterverhalten zu begründen. Man wird ihn nicht von diesen Bedingungen eines Stadtverkehrs ausschließen, weil er sich trotz eingeschränkter Bewegungsmöglichkeiten in diesem Situationsfeld orientieren muss und dabei entsprechender didaktischer-fachdidaktischer Hilfen bedarf.

- **Beispiel 2:** Der Schüler einer Oberstufe wird im Bereich »Natur – Pflanzen« mit zunehmend anspruchsvollerer Gartenarbeit oder Tierversorgung konfrontiert. Kontinuität bedeutet hier, dass er in der Unterstufe bei der Gartenarbeit in Teilbereichen eingesetzt war, während er jetzt schon bei der Planungsarbeit für die Frühbestellung des Beetes konstruktiv-kooperierend beansprucht wird und neben den Handlungsvollzügen Zeit- und Raumstrukturen selbstständig nutzen kann.

2.4 Hilfestellung zum Aufbau eines sinnvollen Weltbilds

Weltbild ist ein komplexer Begriff, den wir wie folgt definieren könnten: »Für den Einzelnen meint Weltbild einerseits eine in sich zusammenhängende, relativ geschlossene und umfassende Vorstellung von der erfahrbaren Wirklichkeit, wobei die Umwelt in ihren physischen, sozialen und kulturell-historischen Grundzügen den Grundzügen eines Weltbilds gemäß einheitlich gedeutet wird, sowie andererseits die Gesamtheit der subjektiven Erfahrungen, Kenntnisse und Auffassungen, die ein Mensch von mehr oder weniger großen Bereichen der Wirklichkeit hat« (Brockhaus 1999, 19).

Gemeint ist also:

Weltbild ist eine subjektive Erschließung dessen, was dem Menschen in der Wirklichkeit begegnet und wie er Wirklichkeit aus seinem konstruktiven Umgang damit definiert.

Weltbild ist eine ganzheitliche Sichtweise auf die Welt als Lebenswelt in ihren vielen Bereichen und Aspekten.

Weltbild ist ein Medium des Denkens, das zur Gliederung und Verarbeitung der Erfahrungen aus Vergangenheit und Gegenwart benötigt wird.

Damit ist zugleich angedeutet, dass es ein Bild im Aufbau ist, das in der Kindheit grundgelegt wird. Ganzheitlich bedeutet hier, dass es ein Ganzes ist, aus dem heraus das Begreifen der Welt versucht wird, dass es aber ständigen Auf- und Abbaus bedarf, um neues Wissen, neue Erfahrungen darin zu integrieren.

Dieses mehr schlecht als recht umrissene Bild von der Welt baut sich gemäß der Entwicklung des Menschen in der Kindheit und Jugendzeit aus den Erfahrungen mit der konkreten Lebenswelt/Alltagswelt auf. Je größer die Ausschnitte dieser alltäglichen Lebenswelt sind, umso mehr fügen sie sich zu einem Bild von der Welt im Denken des Menschen zusammen. Gleichsam mosaikartig geschieht einerseits eine Zusammenstellung vom Bild der Welt. Andererseits hat der Mensch die Vorstellung einer Welt, der er sich zugehörig fühlt, die gleichsam ganzheitlich sein Denken bestimmt. Welt als Welt der Pflanzen und Tiere, der Sachen und Sachbereiche, der Menschen da und dort, der Menschen hier und jetzt. Der Sachunterricht stellt also die Möglichkeiten bereit, diese Ausschnitte der Welt in ihrer Größe und Geschlossenheit, in ihrer Konkretheit und Abstraktheit zu erfassen. Je weniger der geistigbehinderte Schüler in der Schulzeit von der Welt erfährt, umso bruchstückhafter ist sein Wissen von der Welt und sein Umgang damit. Welt als Geschichte von der Welt, Welt als bestehend aus nahen und fernen Regionen, Welt als Ansammlung von Städten und Gemeinden, Welt als Stätten der Religionen und Mythen, Welt als Vielfalt des Lebens und Überlebens macht ihm eine Welt erfahrbar, die er zusammen mit anderen Menschen leben und erleben kann. Sachunterricht hilft also, indem er gleichsam mosaikartig Bestandteile von Alltagswelt als Welt des Zusammenlebens der Menschen zusammenfügt und alltägliche Lebenswelt in konzentrischen Kreisen um den Schüler herum aufbaut, Weltbild zu erstellen, aus dem heraus die Vorstellungen über die Gemeinsamkeiten im Denken und Handeln zu einem ganzheitlichen Erleben und Wahrnehmen zusammenwachsen. Diese Wirklichkeit ist zugleich konkret und abstrakt, weil sie einerseits am konkreten Ort erfahrbar ist, weil sie andererseits als Bild im Kopf die Vorstellungen leitet und jederzeit das Konkrete mit dem Abstrakten, das Nahe mit dem Fernen, das Sichtbare mit dem Unsichtbaren verfügbar macht. Welt als Weltbild fungiert als Interpretationsmedium zum Bedeutungs- und Sinnverstehen in der Welt.

Wie sinnvoll ein solches, auch durch den Sachunterricht miterarbeitetes Weltbild ist, kann erst beantwortet werden, wenn die Grundlegung von Sinn – »Ich bin Teil der alltäglichen Lebenswelt!« – »Ich bewege mich in den Strukturen der alltäglichen Lebenswelt!« – »Ich erfahre von Mitmenschen in unterschiedlichen Bereichen und bei unterschiedlichen Funktionen Gemeinsamkeit in der alltäglichen Lebenswelt!« – »Ich kann Lebenswelt durch mein Können mitgestalten!« – »Ich kann in der alltäglichen Lebenswelt für andere Menschen Verantwortung übernehmen!« etc. durch die Vermittlung durch den Sachunterricht gelingt und der Mensch mit geistiger Behinderung gerne und zufrieden in dieser Lebenswelt lebt.

»Lernen bedeutet, sich Möglichkeiten anzueignen, durch die man Welt deuten und durch die man handelnd in Welt eingreifen kann. »Lernen« und ›Bildung‹ stehen daher in engem Zusammenhang. Denn wenn schulisches Lernen auf die vielseitige mündige Teilhabe am gesellschaftlichen Leben zielt und deshalb eine vielseitige Bildung in Gang setzen soll, dann ist die konkrete Lernaktivität des Schülers als sich im Objekt vollziehende Bildung anzusehen« (Plögel 1999, 266). Oder sehen wir das in der SfGb anders?

2.5 Fachbezogene und Fächer übergreifende Unterrichtsplanungen

Der Sachunterricht bietet einen Themenfundus in den Lebensweltbereichen an, in denen sich der Schüler jetzt und zukünftig bewegen wird. Als fachbezogener Unterricht findet er seinen Ort im Wochenstundenplan, hat Anteil an dem fachdidaktischen Konzept, findet sich mit seinen Themen in anderen Fachbereichen der SfGb wieder, weil er im Rahmen des Konzeptes die Themenvielfalt strukturiert, aus der Sicht der alltäglichen Lebenswelt begründet. Soweit er – auch im Vergleich mit der Grundschule – als eigenes Fach gelten kann, findet die Unterrichtsplanung wochenstundenplanbezogen und themengebunden statt. Soweit sich seine Sachen als »Sachen« der Lebenswelt in anderen Fachbereichen vertreten lassen, werden sie sich dem didaktischen Anspruch des Fachs fügen müssen. Gemeinsamkeit besteht immer in der Anlehnung an die Allgemeine Didaktik.

Allgemeine Didaktik im Sinne Klafkis folgt einer Zielorientierung, der sich die Zielsetzung des Fachunterrichts unterordnen muss.

»Da pädagogische Zielvorstellungen [...] immer durch ihre Bedeutung für Lernende und durch deren Interessen begründet werden müssen, besagt die [...] vorgeschlagene terminologische Klärung zugleich: ›Inhalte‹, ›Gegenstände‹ werden überhaupt erst dadurch zu Unterrichtsthemen, dass sie unter bestimmten Fragestellungen zu denjenigen, denen diese ›Inhalte‹ (›Gegenstände‹) im Unterricht zugänglich werden sollen, in eine Beziehung gesetzt oder von den Schülern in den Unterricht eingebracht werden. Sofern man die Frage nach dem Gesichtspunkt bzw. den Gesichtspunkten, unter dem bzw. unter denen ein ›Inhalt‹ für Lernende als bedeutsam angesehen oder von den Lernenden selbst als bedeutsam eingeschätzt wird, als ›methodische Leitfrage‹ bezeichnet [...], kann man von der ›themenkonstituierenden Funktion der methodischen Leitfrage‹ sprechen« (Klafki 1993, 119). Der Zusammenhang zwischen dem allgemeinpädagogischen Anspruch allgemein unter dem Leitwort der Allgemein-Bildung und dem speziellen Fachangebot wird durch Lernbedürfnisse und -interessen des Schülers konstituiert, die wiederum in das fachdidaktische Konzept integrierbar sind. Die »methodische Leitfrage« bedarf der Spezifizierung durch das jeweilige Fachkonzept im Fragehorizont des Schülers.

Die Unterrichtsplanungen laufen also fachbezogen und wochenstundenplanbezogen in dieser Richtung ab. Inwieweit es sich dabei um einen projektbezogenen Unterricht handelt, der gleichsam fächerübergeifend geplant wird, unterliegt der Absicht der den Unterricht planenden Lehrer. Die Themenvielfalt dieses auf die SfGb bezogenen und deshalb für sie typischen Sachunterrichts mit der vorgenannten Legitimierung steht unter der Verpflichtung, alle Themenbereiche mit der Auswahl entsprechender Themenschwerpunkte im Ablauf eines Schülerlebens an der SfGb anzubieten, in der geforderten Konsequenz und Systematik. Konsequenz steht, wie wir wissen, für die sich aufbauende Logik des Themenbereichs in einem Bereich der Lebenswelt, Systematik steht für die Logik des Konzepts, das sich auf Lernbedürfnisse bezieht, denen die Schule in der Abfolge der Jahre Genüge tun muss, soweit sie mit der Altersphase des Schülers und seiner besonderen Bedürfnislage konform gehen.

Der vermeintliche Widerspruch, dass der so konzipierte Sachunterricht Vorgaben für andere Fächer macht, welche seine Sachbereiche abarbeiten, ist schnell aufgelöst, wenn das Konzept als Vorlage für diese »fachfremden« Nutzungen dient. Was »Sache« der Religion und damit des Religionsunterrichts ist, darf sich der Fachbereich Religion ruhig von anderer Seite sagen lassen dürfen, gleichsam als Vorwand für seine Eignung in einer von Religion geprägten Lebenswelt. Er zehrt dann von einer doppelten Stimmigkeit: einmal von der von der Sache her gegebenen allgemeindidaktischen Bezugnahme, ein andermal von der Stimmigkeit seines eigenen Konzeptes, das in Einklang zu bringen ist mit diesen didaktischen Vorgegebenheiten. Wir können diesen Unterricht Sachunterricht nennen, wir können ihn Themenfundus nennen für Sachunterricht und sachunterrichtliche Verwendungen in anderen Fächern, immer steht der Schüler mit geistiger Behinderung im Vordergrund, der an dieser Welt, Lebenswelt, alltäglichen Lebenswelt partizipieren möchte. Fächer sind kunstvolle Gebilde einer Schul- und Fachgeschichte. Sie können eine Legitimierung haben in der Begründung von Schule für die Nachkommen in der Generationenfolge, sie können lebensweltbezogen und fachwissenschaftlich wegen hinzukommender anderer Fachdominanzen überholt sein und aus dem Fächerkanon der Schule verschwinden. Das Lernen auf der Grundlage der Lebensweltbezogenheit muss immer wieder neu definiert werden und als für die Zukunft der Schüler notwendig akzeptiert werden, ob fachbezogen oder fächerübergreifend.

2.6 Thematische Strukturen

Struktur gibt eine Richtung vor, weist einen roten Faden aus, stellt einen logischen Zusammenhang her, vermittelt eine überdauernde Übersicht, weist auf einen unsichtbaren Leitfaden hin, dem man folgen kann.

Thematische Struktur verfolgt ein Thema in einem vorgegebenen Ablauf.

Das Thema »Liebe – Partnerschaft – Sexualität« ist für jede Altersphase der Schüler bedeutsam, verlangt aber für seine thematische Aufbereitung einer Schwerpunktsetzung, die durch die Entwicklung des Schülers vorgegeben ist. Wenngleich Partnerschaft im Sinne einer geschlechtsbezogenen Lebensgemeinschaft von Frau und Mann für den Schüler der Vorstufe wenig lebensbedeutsam ist, so bietet das Thema doch Behandlungsmöglichkeiten bezüglich eines Erfahrens von Partnerschaft im Schulalltag, bezüglich der Darstellung der eigenen Herkunftsfamilie, bezüglich erlebter Partnerschaft der Eltern. Wenngleich geschlechtliche Liebe erlebte Sexualität ist, so gibt es doch Formen der Liebe, der Nächstenliebe, der Solidarität – getreu dem Spruch »Was Du nicht willst...« –, die sich auch in der Sexualität der erwachsenen Menschen wiederfinden. Der ganze Themenbereich ist also auf Gegenwart und Zukunft angelegt.

Struktur bedeutet hier:
Die Behandlung des Themas, der Thematik bietet sich für jede Stufe im Unterricht an. Der Lehrer hält in seiner Unterrichtsplanung diesen roten Faden in der Hand und findet die jeweils für die Schüler passende Anknüpfung. Die Knüpfpunkte bilden dann am Ende die thematische Struktur ab, welcher der Lehrer in seinem Unterricht in der Behandlung der Thematik gefolgt ist.

Das Thema »Arbeit« wird sich erst im Bereich der Arbeitslehre richtig entfalten können, also allenfalls ab der Oberstufe, so richtig in der Werkstufe mit entsprechenden Praktika und entsprechenden Schwerpunkten. Das Thema ist aber in der Schulzeit allgegenwärtig, bedarf nur einer entsprechenden Aufbereitung für die jeweilige Stufe und Altersphase. Wenn wir von Kinderarbeit sprechen, verweisen wir meistens auf unterentwickelte Länder. Wenn es um das Lernen der Schüler geht, steht oft harte Arbeit im Vordergrund. Entsprechende Anforderungen legen Dispositionen zu Grunde, die später notwendigst gebraucht werden. Sicherlich gilt auch hier: Die thematische Struktur besteht im Kopf des Lehrers. Er hält den thematischen Zusammenhang aufrecht, er schafft die bildungsrelevanten Voraussetzungen für die Bearbeitung des Themas in Gegenwart und Zukunft.

Wenn denn diese thematische Logik von der »Sache« her gefordert werden muss, muss sie auch in der Darstellung des Curriculums sichtbar sein. Wenn denn thematische Strukturen für die einzelnen Lebensweltbereiche mit entsprechenden Schwerpunkten aufgearbeitet sind, wird es für den den Unterricht planenden Lehrer leicht sein, den roten Faden in der Lernbiographie des Schülers sichtbar zu machen und immer wieder – jeweils auf höherem Niveau – daran anzuknüpfen.

2.7 Reduktion von Komplexität

Komplexität erscheint in der Bearbeitung des Curriculums Sachunterricht auf unterschiedliche Weise:
- Komplexität der alltäglichen Lebenswelt und Reduktion
- Komplexität der Themenvielfalt und Reduktion
- Komplexität des Unterrichtsangebots und Reduktion

Zur Komplexität der Lebenswelt und Reduktion:
Lebenswelt stellt einen Komplex von Sachen, Sachverhalten, Situationsfeldern dar, der immer schon (vor)strukturiert ist durch die Kultur, die gestaltete Umwelt, die verinnerlichten Erwartungen und Bedürfnisbefriedigungen. Chaos wäre eine ungeordnete Anhäufung von Sachen. Der in die Welt hineingeborene Mensch wird allmählich in die überdauernden Strukturen seines Umfelds eingeführt, sozusagen vom Nahen zum Fernen, vom Konkreten zum Abstrakten, vom Einfachen zum Komplexen, vom Individuellen zum Allgemeinen. Wobei die Darbietung einem Suchverfahren gleicht, in dem der junge Mensch das strukturierte Feld um sich herum erfährt und sprachlich und gedanklich abbildet. Die Ordnung des Feldes ist die Ordnung der Gedanken und der Sprache und die Darstellung der nach menschlichen Bedürfnissen strukturierten Lebenswelt. Lebenswelt ist also eine aus dem Chaos der den Menschen umgebenden, natürlichen und von ihm geschaffenen Sachen entstandene und durch Bedürfnisorientierung geordnete Umgebung, ist von Anfang an Reduktion von Komplexität, sei es durch die Gestaltung/Konstruktion der Situationsfelder, die sich den Strukturen von Raum und Zeit und Funktion unterordnen, sei es durch die Wahrnehmung des Menschen, für den Situationsfelder übersituativ Bedeutungsstrukturen haben, die ihm auf der Suche nach Sinn existenziell behilflich sind, sein Leben zu gestalten und in der Zukunft, gestützt auf die durch seine Erfahrungsgeschichte erhaltenen Erwartungen, weiterzubestehen (vgl. Terhart 1999, 643; vgl. Siebert 1994, 44).
Reduktion von Komplexität bedeutet hier also:
Die um den Menschen herum aufgebaute Welt ist eine auf seine Bedürfnisse und Erwartungen reduzierte Welt. Man könnte von der Didaktik der Lebenswelt sprechen, weil sie sowohl auf Leben als auch auf Lernen aufgebaut ist und der jeweiligen Generation für die Zukunft und die zukünftigen Generationen erhaltenswert erscheint. Methoden haben hier einen ursprünglichen Sinn, soweit sie auf die Methodik des Überlebens bezogen sind und stellen sich gleichzeitig in Frage, soweit sie durch die Entwicklung überholt sind.
Zur Komplexität der einzelnen Bereiche der alltäglichen Lebenswelt:
Die Bereiche der Lebenswelt sind künstlich geschaffene Ordnungen, die eine Kulturwelt des Menschen im Kampf mit und gegen die Natur darstellt. Der Sachbereich »Einkauf« ordnet sich der Struktur von Angebot

und Nachfrage begehrenswerter Güter unter. So komplex sich der Sachbereich/Sachverhalt in unserer Lebenswelt heute darstellt – man spricht in den Großstädten geradezu von Konsum-Kathedralen der modernen Welt –, so sehr ist er ein auf Regeln und Ordnungskriterien reduziertes Umfeld, das zwar in ständiger Veränderung begriffen ist, aber letztlich dem Gedanken der Darbietung, Auswahl und Bezahlung verpflichtet ist.

Der Sachbereich »Zeit – Zeitläufte – Zeitgeschichte« ist z. B. der Objektwelt völlig enthoben, stellt aber auf abstrakter Ebene ein Ordnungsschema bereit, mit dem der Mensch seine zeit- und lebensgeschichtliche Befindlichkeit ordnet. Aus der Fülle der Daten folgt er einem Schema von Bedeutsamkeit für sein Leben und seine Zukunft, stellt sich die Sinnfrage in der Frage nach dem Woher (und Wohin), reduziert die Geschichte des Lebens auf seine Lebens- und Überlebensgeschichte. In geschichtsbezogenen und kulturgeschichtlich erhaltenen Erlebniszonen versucht er, sich Vergangenheit zu vergegenwärtigen, in Visionen auf die Zukunft versucht er ihrer durch Gedankenkonstruktionen und Fantasien Herr zu werden.

Reduktion von Komplexität bedeutet hier also:

Die Fülle der Geschichte von Welt überhaupt, von Lebenswelt als Welt des Menschen, wird hier auf Strukturen eines Geschichtsbilds reduziert, das der Bedeutsamkeit des Menschen im Guten wie im Bösen Rechnung trägt und für die Beantwortung seiner Sinnfrage erhaltenswert erscheint. Zeit wird als strukturierte und messbare (Verlaufs-)Zeit auf einen ständig sich wiederholenden Ablauf/Kreislauf in Tages-, Wochen-, Monats- und Jahreszeiten reduziert, Zeitläufte stehen in einem strukturierten und daher reduzierten Gesamtfeld von erhaltenswerten Daten und Fakten, Zeitgeschichte ist das Bemühen, die lebendige Gegenwart auf wichtige Gestaltungsmomente von Politik, Wirtschaft, Kultur für die erinnerungswürdige und damit lernrelevante Vergangenheit zu reduzieren.

Abschließend können wir sagen:

Die Komplexität der Lebenswelt wird im Gefolge eines Bildungs- und Allgemeinbildungsanspruchs von allgemeinbildender Schule auf didaktisch bedeutsame Sachverhalte/Sachbereiche reduziert, die folgenden Kriterien genügen müssen:

- Es wird eine Auswahl für lernrelevante, lebensweltorientierte Sachverhalte/Sachbereiche vorgenommen.

- Die Lernrelevanz beruht auf dem Lernen der für die Gegenwart und die Zukunft bedeutsamen Kompetenzen zur Lebenserhaltung in einer pluralistischen, multi-/interkulturellen Gesellschaft.
- Bedeutsam ist die Auswahl der Themen und Inhalte bezüglich einer möglichst selbstbestimmten Lebensführung in den wichtigen Lebensbereichen der alltäglichen Lebenswelt, ist Reduktion der didaktisch relevanten Sachverhalte auf einen Kanon von Themen und Inhalten, die wiederum dem Kriterium des Elementaren, Fundamentalen, Exemplarischen genügen,
  - **elementar**, weil die Themen, Inhalte der Sachbereiche/Sachverhalte wichtige, unerlässliche Elemente im Aufbau der möglichst selbstständigen Lebensführung sind, Elemente sowohl im Sinne einer Aufzählung als auch im Sinne einer Komposition oder Konzeption des Unerlässlichen (vgl. Schurad 1996, 103-107),
  - **fundamental**, weil sie das Fundament legen für eine Lebens- und Überlebensfähigkeit als Basis eines aus der Person heraus entstehenden Handlungszentrums,
  - **exemplarisch**, weil die Auswahl eine im didaktischen Sinne beispielhafte bezüglich des Lernenmüssens und Lernenkönnens ist und im Sinne einer verantwortbaren Lernökonomie auf ähnliche Sachverhalte bezüglich ist. »Das exemplarische Prinzip verlangt eine Konzentration des Stoffangebots auf die entscheidenden Gesichtspunkte, Strukturen, Kategorien und Methoden; wir sollen eine begründete Auswahl trefffen unter dem Vielerlei des Möglichen, das vielleicht auch seine Reize hat. Immer stellt sich die Frage: Was ist wichtig, damit die Kinder hier und heute Kompetenz in unserer Lebenswelt bekommen, die Welt, in der sie leben und handeln sollen, besser verstehen und auch in Bereiche unserer Kultur eingeführt werden, welche nicht durch Alltag, Straße und Fernsehkonsum vermittelt werden [...] Exemplarisches Lernen vollzieht sich an Beispielen. Bedeutsame Beispiele eröffnen Zugänge zu dem, was über das Beispiel hinaus wichtig ist« (Köhnlein 1998, 38-39).

Zur Komplexität des Unterrichtsangebots und Reduktion:

Die Vielfalt der Themen ist trotz Reduktion der Komplexität bezüglich der Relevanz von Lebenswelt, ihrer Sachbereiche und Themen immer noch so groß, dass der Lehrer in seiner Unterrichtsplanung wiederum eine Reduktion von Komplexität vornehmen muss. Nur muss sich seine

Auswahl jetzt, da es sich um ein **offenes Curriculum** handelt, auch an die Lernbedürfnisse und Mitbestimmungsmöglichkeiten der Schüler anlehnen und Freiraum schaffen für eine möglichst große Beteiligung derselben. Die Selektion der Themen und Inhalte kann sich nicht auf die Auswahl der Sachbereiche als Teile des Curriculums generell beziehen. Da besteht ein allgemeinbildungsbedingtes und fachbildungsbezogenes Angebots-Muss für alle Bereiche. Aber bei der Auswahl in den einzelnen Sachbereichen gibt es Möglichkeiten der Themenauswahl gemäß den vorbenannten Kriterien.

Reduktion von Komplexität bedeutet hier also:

Der Lehrer wird bei der Auswahl der Themen in den einzelnen Sachbereichen sowohl den individuellen Lernbedürfnissen und Lernwünschen der Schüler gerecht wie auch den Erfordernissen eines vor der Gesellschaft legitimierbaren Lernkanons. Trotz aller individuellen Förderbedürfnisse gibt es einen Rahmenplan für Lernbereiche und Lernerfordernisse, denen auch ein Mensch mit geistiger Behinderung soweit als möglich gerecht werden muss. Optimale Beteiligung am Leben und seinen Erfordernissen in den Bereichen der alltäglichen Lebenswelt in der Gegenwart, optimale Zurüstung für eine möglichst selbstbestimmte Beteiligung für die Zukunft in Arbeit, Wohnen, Freizeit setzen entsprechende parallele Lernangebote in der Schule unter didaktischer Verantwortung voraus. Damit ist zugleich die Frage nach den Erfordernissen im Ablauf eines Schuljahres gestellt. Welchen Rang nimmt der Sachunterricht ein? Ist er abwählbar, weil ja vieles andere nach Meinung dessen und dessen genauso wichtig ist oder vielleicht noch wichtiger? Das ganze Konzept beruht auf einer Vorrangstellung des Sachunterrichts vor anderen Lernbereichen,

- *weil* er das Lernen als schulisches Lernen im Kontext des Lebens der Schüler begründet,
- *weil* er grundlegende Themen/Themenbereiche/Teilcurricula für andere Fachbereiche/Lernbereiche auf der Grundlage eines ganzheitlichen Konzepts anbietet, ohne in einen logischen Widerspruch zu der speziellen Fachdidaktik zu geraten,
- *weil* er eine Innovation für das Konzept SfGb darstellt, indem er Themen, die bislang trotz des Allgemeinbildungsauftrags in der SfGb wegen ihrer zu starken sonderpädagogischen Fokussierung vermieden wurden, benennt und in den Lernkanon aufnimmt,

- *weil* er dadurch indirekt Integration betreibt für eine Schule, die sich zu stark von anderen allgemeinbildenden Schulen abgesetzt hat, dadurch aber in die Isolierung geraten ist.

»Komplexität lässt sich nicht in eindimensionalen und ganzheitlichen Darstellungen, sondern nur in mehrperspektivischen Rekonstruktionen einfangen und sichtbar machen. Darin kommt ein doppelter Vorgang zum Ausdruck, nämlich die Herstellung und die Reduktion von Komplexität. Es ist eine eigene Aufgabe der Didaktik, Komplexität so zu reduzieren, dass Wirklichkeit leichter ›lesbar‹ und verstehbar wird. Diese Reduktion auf elementare Zusammenhänge bedeutet eine notwendige Aufgabe des Unterrichts, sie darf jedoch nicht so weit gehen, dass Ansprüche an sachliche Richtigkeit, an Bedeutungsgehalt und Relevanz verloren gehen. Vor allem darf nicht darauf verzichtet werden, unterschiedliche Möglichkeiten der wirklichkeitsbetrachtung aufzuzeigen« (Duncker 1997, 181). Dieser Anspruch an eine »Didaktik der Vielfalt« (Duncker) beinhaltet bezüglich dieses Curriculums Aufteilung der Lebenswelt in unterschiedliche Perspektiven und Reduktion von Komplexität im Interesse des »Stoffs« und des Schülers, ist aber zugleich – man beachte den Widerspruch – auch Zunahme von Komplexität, insofern als die Vernetzung der Perspektiven komplexer wird, Verstehenszusammenhänge dichter zusammenrücken und Kompetenzenzunahme und -vielfalt den Widerspruch zwischen Reduktion von Komplexität und Zunahme derselben auffängt.

2.8 Offenheit in den thematischen Strukturen

Die Benennung des Curriculums als eines offenen Curriculums weist schon darauf hin, dass in den Fachbereichen des Sachunterrichts Elemente einer konstruktiven Didaktik auch eine Rolle spielen, dass Selbst- und Mitbeteiligung der Schüler als Mitvoraussetzung von Unterricht gesehen wird (vgl. Reich 1999).

- »Unterricht sollte berücksichtigen, dass Lernprozesse nur dann stattfinden, wenn beim Schüler oder bei der Schülerin im rekursiven Prozess der Wahrnehmungsentwicklung eine optimale Diskrepanz zwischen Erwartung [...] und aktueller Wahrnehmung in einer Situation entstanden ist.
- Unterricht sollte so organisiert werden, dass der/die Schüler/in die Möglichkeit hat, intensiv eigene Handlungsziele zu verfolgen.

- Es sollten verstärkt verschiedene Möglichkeiten lernanregender Umgebungen organisiert werden.
- Dem Prozess des Aushandelns von Bedeutungen im Unterricht sollte besondere Beachtung geschenkt werden.
- Es sollte die Unterrichtsplanung darauf befragt werden, inwieweit Schülereigenaktivität eingebunden werden kann« (Krüssel 1999, 101, vgl. Kösel/Scherer 1999)

Doch Offenheit bezieht sich natürlich auch auf die in der Lebenswelt ständig sich ereignenden Veränderungen. So werden sachunterrichtsrelevante Elemente in das Curriculum wegen ihrer Lebensbedeutsamkeit aufgenommen werden müssen, die vielleicht bislang keine Rolle spielten. Die Beispiele Globalisierung, Computerisierung und Neue Technologien können stellvertretend für viele andere stehen. Als Robinsohn in den siebziger Jahren versuchte, einen Bildungskanon für die allgemeinbildende Schule zu schaffen, ging er zunächst von der Überzeugung aus, dass die Situationsfelder der Lebenswelt in ihren lebens- und lernbedeutsamen Bereichen als Grundlegung dienen müssten. Auf diese Situationen bezogene Kompetenzen sollten dann die Lernziele – »Ausstattung zur Bewältigung von Lebenssituationen« (Robinsohn 1972, 47) – benennen, die von den Schülern zu erreichen seien. Der Versuch misslang, vielleicht auch deshalb, weil der bis dahin und größtenteils heute immer noch gültige Fächerkanon als Struktur von allgemeinbildender Schule zu fest gegründet war und Schule doch zu sehr unter der Ägide von Wissensvermittlung stand, ohne dass diese Prozesse als konstitutive Lernprozesse des Schülers im Kontext von Lehren und Lernen gesehen wurden (vgl. Klafki 1993, 119 ff.).

»Dieser allgemeindidaktische Ansatz war ursprünglich als ein Weg zur Revision des gesamten schulischen Curriculum gedacht. Er wurde in der Folge allerdings nur in wenigen fach- oder bereichsspezifischen Projekten tatsächlich ausgeführt [...] Dies liegt nicht nur an den prinzipiellen Schwierigkeiten einer Gesamtrevision in einem Wurf [...], sondern auch an der Schwierigkeit, ohne strukturierenden und selektierenden Orientierungsrahmen jene Situationen zu bestimmen, die im zukünftigen Leben der Schüler Relevanz erhalten könnten« (Heursen 1986, 432).

Der Ansatz der Lebensweltorientierung, dem wir in phänomenologischer Absicht folgen (vgl. Lippitz 1999), hat zwar auch nicht dazu geführt, Selektion, Reduktion von Themen, Inhalten und Sachbereichen,

Gesamtcurriculum in eine didaktisch sinnvolle Abstimmung zu bringen, wird aber zusehends bei gleichzeitiger Zunahme der Komplexität der Welt und der Undurchschaubarkeit vieler Prozesse, auch bei gleichzeitiger Verarmung der Einblicke in normale Umweltprozesse bei Pflanzen, Tieren, Menschen in Anspruch genommen, um Praxis in der Schule auf Lebensweltprozessen zu gründen – Stichwort: »Alltag der Schule und seine Berechtigung in der Schule« – und Lebenswelt als Themenangebot außerhalb der Schule aufzusuchen. Dabei darf für die SfGb nicht außer Acht gelassen werden, dass der Mensch mit geistiger Behinderung noch viel mehr der konkreten Auseinandersetzung in der alltäglichen Lebenswelt bedarf, weil er mehr auf das Lernen im konkreten Situationsfeld angewiesen ist und seine Transfermöglichkeiten doch eher eingeschränkt sind.

Offenheit des Curriculums und Offenheit in den thematischen Strukturen sind also zwei Aspekte derselben Sache:

Offenheit des Curriculum oder offenes Curriculum heißt:

- Beteiligung der Schüler an der thematischen Strukturierung des Unterrichts
- Beteiligung der Schüler an den Umsetzungsprozessen auch auf der Grundlage der Interessen und Erwartungen der Schüler
- Aufnahme struktureller Veränderungen bei den thematischen Schwerpunkten
- Ständige Analyse der Lebenswelt bezüglich der Hereinnahme wichtiger Themen, die für die Gegenwart und Zukunft der Schüler auf der Grundlage der Zielorientierung »Möglichst optimale Inanspruchnahme von Freiheit und Selbstbestimmung« von Wichtigkeit sind.

Zusammenfassung:

Reduktion von Komplexität ist immer schon, solange es Schule gibt, das Bemühen gewesen, den Wissens- und Erfahrungserwerb in der Schule als Auslese aus dem bereits bekannten Wissen der Welt der Erwachsenen zu definieren. Jahrhundertelang dienten die »septem artes liberales« – die »sieben freien Künste« als Bildungskanon. Nach Etablierung von allgemeinbildender Schule schälte sich auf dieser bildungshistorischen Grundlage ein Fächerkanon heraus, der letztlich für die weiterführenden Schulen Zuweisung zu gesellschaftlich bedingten und erforderlichen Berufen bedeutete, für die Volksschulen eine Schmalausgabe von Allgemeinbildung im Sinne des Staates und seiner durch ihn definierten Nützlichkeit sicherte. Die Klarstellung von Weniger (1951), dass der Bildungskanon als Fächerkanon immer auch eine Konsensbildung von Staat und Gesellschaft darstelle und deshalb geschichtsbedingt und wandlungsbedürftig sei, hat in der modernen Gesellschaft dazu geführt, Allgemeinbildung neu zu definieren, vor allem im Interesse des betroffenen, gegenwartsbezogenen und zukunftsorientierten Schülers.

SfGb als Mitbeteiligte im didaktischen Gespräch hat neben dem allgemeindidaktischen Anspruch einen auf den Menschen mit geistiger Behinderung bezogenen, sonderpädagogischen Anspruch, indem sie versucht, den Anspruch auf Allgemeinbildung mit dem zusätzlichen auf Integration und Normalität zu verbinden. Reduktion von Komplexität heißt dann auch, das Elementare, das Fundamentale, das Typische, das Exemplarische unter dem Gesichtspunkt einer unbedingten Brauchbarkeit und Nutzbarkeit im konkreten Vollzug zu definieren.

»Die Infragestellung dessen, was und in welcher Weise in der Schule gelernt wird, kündigt nicht nur einen Grundkonsens über im Bildungswesen fortwirkende Traditionen auf, sie unterstellt überzeugende Alternativen. Doch je grundsätzlicher und differenzierter die wissenschaftliche Kritik an der Praxis der Lehrplanerstellung, den Orientierungsmustern bei der Festlegung der Lerngegenstände und den Implikationen des zweckrationalen Unterrichtskonzeptes artikuliert wird, desto schwieriger wird jeder Versuch einer konstruktiven, zustimmungsfähigen Curriculumentwicklungsarbeit« (Riedel 1994, 299).

Soweit SfGb bislang daran beteiligt ist, lässt sich auch für sie sagen, dass sie einerseits Lernbereiche ausweist, die als Fächer und Fachbereiche in Anlehnung an allgemeinbildende Schulen bezeichnet werden können, wie Lesen und Schreiben, Sport und Arbeitslehre, soweit sie auf der Suche nach einer Struktur eines Gesamt- oder Kern- oder Basiscurriculums ist, ist für sie die Kanonfrage in der Weise zu stellen, dass sie den Bedürfnissen von Schule und Unterricht bezüglich der ihr anvertrauten Menschen gerecht werden muss. Wenn in diesem Zusammenhang die Frage der Reduktion gestellt wird, dann kann die Antwort nur in die Richtung gehen,

- *dass* Reduktion von Komplexität Bezugnahme zu der Kompetenzausstattung ihres Schülers auf der Grundlage der Zielorientierung der Schule – hier: SfGb – bedeutet,

- *dass* Reduktion von Komplexität Hereinnahme von Lebenswelt in die Schule bedeutet, auf der Grundlage der Zurverfügungstellung von Situationskomplexen, an denen sich die differenzierbare Lebenswelt darstellen lässt,
- *dass* Reduktion von Komplexität vor dem Hintergrund des Allgemeinbildungsauftrags der Schule und vor dem Hintergrund didaktischer Fragestellungen des Sachunterrichts didaktisch verantwortbare Bezugnahme auf Lebenswirklichkeiten ist, die sich schulisch als Sache der Schule und des Schülers darstellen lassen, weil sie sowohl in der Gegenwart des Schülers als auch für seine Zukunft Ausstattung für Überleben in einer höchst komplexen Welt bedeuten,
- *dass* letztlich Reduktion von Komplexität Aufbau zunehmender Komplexität bedeutet in einem konsequent und systematisch angelegten Curriulum für den Sachunterricht in der SfGb.

2.9 Ganzheitlichkeit des Curriculums Sachunterricht als Anspruch an den übergeordneten Zusammenhalt der Teilcurricula

Ganzheit stellt hier den logischen, bedeutungsbezogenen und Sinn stiftenden Zusammenhang zwischen dem Ganzen und den Teilen dar. Das Ganze als ganzes Curriculum versteht sich als Angebot, alltägliche Lebenswelt didaktisch so zu transportieren, dass die Bedeutsamkeit derselben für die Gegenwart und Zukunft des Schülers durch entsprechende Perspektiven des Warhnehmens, Denkens und Handelns in bestimmten Sachbereichen vermittelt werden kann. Ganzheitlichkeit (vgl. Stahlmann 2001) ist dabei das Bemühen, das Ganze, d. i. die alltägliche Lebenswelt, in ihrer allgemein- und fachdidaktischen Bedeutung als Basis zu benutzen, um Teilaspekte derselben vor dem Hintergrund von Lebenswelt als ganzer, vor dem Hintergrund von Weltbild als Eigenkonstruktion von Welt zu behandeln. Dass das Ganze dabei mehr als die Teile ist, lässt sich am Allgemeinbildungsauftrag auch für die Fachdidaktik, z. B. des Sachunterrichts in der SfGb, nachweisen. Es kann sich dabei nur um eine Zielorientierung des Lehrers handeln, den Schülern gleichsam auf der Grundlage eines zu erarbeitenden, zu vermittelnden Weltbildes die Welt als ganze verstehbar zu machen, sie gleichsam immer im Hintergrund zu aktivieren, wenn vordergründig Teilcurricula behandelt werden.

Das didaktisch-methodische Bemühen richtet sich demnach nicht nur auf die Darstellung der Strukturiertheit eines Teilcurriculums, sondern auch darauf, die Vernetzung mit dem Ganzen und mit Teilen des Ganzen mit zu berücksichtigen und gedanklich-konzeptionell im Unterricht zu versprachlichen.

Die Teilcurricula stehen nicht zusammenhanglos da, sie sind Teil eines Gesamtcurriculums, weil sie Teilaspekte dieser alltäglichen Lebenswelt offen legen, die in dem didaktischen Bemühen immer mitschwingen. Die sogenannten lebensweltlichen Teilbereiche der alltäglichen Lebenswelt stehen nicht zusammenhanglos nebeneinander, sondern sind von uns künstlich geschaffene Ordnungssysteme, Situationskomlexe als Sinneinheiten, Perspektiven von Lebenswelt, die mit anderen vernetzt sind und vor dem Hintergrund des Ganzen in der Polarität von Ich und Welt funktionieren.

Stahlmann stellt als »Aufgabe der Ganzheitlichkeit« (ebd., 243) heraus: »Heil- und Sonderpädagogik muss den Spagat aushalten zwischen einerseits der

- anthropologisch-ethischen Grundannahme der Unteilbarkeit des Personseins des Menschen und der
- Auffassung von Heilpädagogik als systemisch-ökologischer Wissenschaft [...] sowie andererseits der ethisch gebotenen professionellen Zurückhaltung auf der Basis des
- Respekts vor der Autonomie der Lebenspraxis des Anderen, der
- Anerkennung der Komplexität aber nie vollständig zu erfassender Lebens-, Bedürfnis- und Problemlagen und der
- Anerkennung der prinzipiellen Pluralität und Verschiedenheit der Menschen« (ebd.)

Ich meine, dass wir diesen Spagat in der Zielsetzung der didaktisch-fachdidaktisch adäquaten Darstellung des Curriculums und der vorausgesetzten Freiheit des Menschen mit geistiger Behinderung in der Sichtweise einer zunehmenden Beanspruchung von Freiheit durch Beteiligungen am Lernen und am Unterricht aushalten können und damit dem Anspruch von Ganzheit und Ganzheitlichkeit in der Weise des Weltverstehens gerecht werden können, ohne weder eine vollständige Verfügung über die alltägliche Lebenswelt noch eine Gleichmachung der behinderten Menschen bezüglich ihrer Lebens- und Lernbedürfnisse zu fordern.

2.10 Der wissenschaftliche Anspruch an das Fach »Sachunterricht in der SfGb«

Bei Reflexion der bisher gemachten Gedankenschritte fällt auf,

- *dass* der Sachunterricht eine starke Anlehnung an den Sachunterricht der Grundschule erfahren hat,
- *dass* aus dieser Parallelität des Fachs auch eine Legitimation für das Fach hergeleitet werden konnte, nicht nur bezüglich des Alters der Schüler in der Grundschule und – zumindest bis zur Mittelstufe – in der Unter- und z. T. in der Mittelstufe der SfGb, sondern auch bezüglich des kognitiven Entwicklungsstands und den damit einhergehenden Konsequenzen für das soziale Lernen und der Einbettung dieser Menschen mit geistiger Behinderung in die alltägliche Lebenswelt,
- *dass* der Anspruch an die Fachdidaktik sich auch von dem Anspruch herleiten kann, der in der Fachdidaktik der Grundschule vertreten wird,
- *dass* der Zusammenhang zwischen Fachdidaktik und Allgemeiner Didaktik auch hier gelten muss, vor allem vor dem Hintergrund des von Klafki artikulierten Bildungsanspruchs mit einem Verständnis für Allgemeinbildung, das auch für den Menschen mit geistiger Behinderung gilt,
- *dass* die Fragestellungen der Sonderpädagogik und der damit einhergehende sonderpädagogische Anspruch an die Fachdidaktik im Bereich der Sonderschulen vielfach nur aufrecht erhalten werden können, wenn die besondere Artikulation des Fachbereichs unter dem Blickwinkel der Ansprüche von Integration und Normalität, der dem geistigbehinderten Menschen zustehenden Rücksicht auf seine besonderen Lernbedürfnisse und -möglichhkeiten steht,
- *dass* die Didaktik der Sonderschulen, speziell der SfGb, den Stellenwert des Fachbereichs Sachunterricht unter diesem vorgenannten Anspruch erarbeitet und es nicht dabei belässt, Sachunterricht mit dem in der Grundschule gleichzusetzen und ansonsten darauf vertraut, dass Richtlinien und Rahmenpläne es schon »richten« werden.

Bei Durchsicht der Literatur zur Fragestellung des Stellenwerts der Sonderschulen, der Sonderpädagogik und der sonderschultypischen Didaktiken könnte der Verdacht aufkommen, dass mit der Einführung eines gemeinsamen Unterrichts in den Bundesländern und der damit von bestimmter Seite gesuchten Auflösung oder Ablösung der Sonderpädagogik als Wissenschaft auch das Ende dieser vorgenannten Bereiche eingeläutet worden sei (vgl. Böhm 2001).

Bei nüchterer Betrachtung muss man immer noch davon ausgehen,

- *dass* die Sonderschulen nach Einführung des gemeinsamen Unterrichts in der Grundschule nicht weniger Schüler haben, d. h. der Großteil der Schüler mit sonderpädagogischem Förderbedarf wird in den Sonder-/Förderschulen gefördert,
- *dass* zumal der Sonderschultyp »Schule für Geistigbehinderte« eher bei größer werdender Schülerzahl einer fundierteren Legitimation für die Zukunft – zum Beispiel im Bereich seines Fächerkanons – bedarf,
- *dass* die Entwicklung gerade auch dieses Schultyps vorangetrieben werden muss, natürlich in abgestimmter Kooperation mit konzeptionellen Vorstellungen für eine Kooperation der Sonderschulen und entsprechender Zusammenlegungen, immer unter dem Vorwand, dass der behinderte Schüler, die Erwartungen der Eltern und der gesellschaftliche Anspruch an die Schule im Vordergrund stehen.

Es sei – nicht nur am Ende – hinzugefügt, dass die mit der Gen-Technik aufkommenden Fragestellungen zum Wert des Lebens, speziell des behinderten Lebens auf eine breiter werdende Zustimmung bezüglich der Vermeidung von Behinderung, bezüglich der Ent-Solidarisierung mit behinderten Menschen und ihren Angehörigen in der Gesellschaft treffen. Die Sonderschule, hier als Förderschule für Geistigbehinderte und Mehrfach-/Schwerstbehinderte sollte alles tun, um möglichst optimale und von außen feststellbare Lebensqualität unter ihrem Bildungsanspruch herzustellen und im Verbund mit den Eltern und Angehörigen gerade im Bewerten des Anspruchs an die alltägliche Lebenswelt Beteiligungsformen im Unterricht und außerhalb des Unterrichts sicherzustellen.

3 Einführung in das Curriculum – Sachunterricht als Basiscurriculum

Das Gesamtcurriculum deckt folgende Bereiche ab:

1. Sachbereich »Verkehr – Orientierung«	**5. Sachbereich** »Natur II – Tierwelt«	**9. Sachbereich** »Gesundheit – Krankheit – Tod«	**13. Sachbereich** »Spiele – Spielen – Freizeit«
2. Sachbereich »Medien«	**6. Sachbereich** »Natur III – Naturphänomene«	**10. Sachbereich** »Gemeinschafts-kunde – Politik«	**14. Sachbereich** »Technik«
3. Sachbereich »Einkauf – private Versorgung«	**7. Sachbereich** »Zeit – Zeitläufte – Zeitgeschichte«	**11. Sachbereich** »Religion – Glaube«	**15. Sachbereich** »Arbeit«
4. Sachbereich »Natur I – Pflanzenwelt«	**8. Sachbereich** »Öffentliche Versorgung«	**12. Sachbereich** »Liebe – Partner-schaft – Sexualität«	**16. Sachbereich** »Kunst – Kultur – Theater«

Obwohl der Gebrauch des Begriffs »Basis« gerade im Bereich der Sonderpädagogik und der Sonder- und Förderschulen einem gewissen Verschleiß unterliegt und seine Benutzung andeuten soll, dass man sich auf eine unterste Stufe im Bereich einer Skalierung begeben möchte und auf dieser Stufe eine Basis grundlegen möchte, verwenden wir den Ausdruck für den folgenden Sachverhalt:

Basiscurriculum macht ein Angebot für die Behandlung lebens- und lernwichtiger Themen auf der Grundlage eines die alltägliche Lebenswelt des Menschen, d. i. des Kindes, Jugendlichen und Erwachsenen abbildenden Konzepts. »Berufung auf die Alltagswirklichkeit der Kinder, Eltern und Geschwister [ist; d. V.] konstitutiver Bestandteil der Organisation von Lernprozessen und eines weiter greifenden Sachunterrichts« (Herbert 1985, 408). Die Aufgaben der Integration und Normalisierung stehen aus sonderpädagogischer Sicht im Vordergrund als lebenswichtige und lernbedeutsame Einführungen des behinderten Menschen in seine Alltagswelt. Basis bedeutet hier gemeinsame Basis für das Leben in der mit anderen Menschen gemeinsamen Welt (vgl. Kobi 1999, 25-27).

Dieses Curriculum soll als grundlegende Orientierung der Themenbereiche und -wahl für den Unterricht auf allen Stufen der SfGb gelten, sozusagen als Themenspender für den Unterricht. Die Verwendung des

Terms »Basis« soll nicht bedeuten, dass alle diese in den unterschiedlichen Lebensbereichen des Alltags benannten Themen in dieser Themenvielfalt behandelt werden sollen, setzt aber voraus, dass die Themenstrukturen der Lebenswelt auf dem entsprechenden Lebens- und Lernniveau des Schülers abbildhaft dargestellt werden können. Der Gedanke des Exemplarischen oder Fundamentalen (vgl. Klafki 1993, 141 ff.) kann zu einem späteren Zeitpunkt behandelt werden, wenn mit diesem Konzept des Sachunterrichts in der SfGb eine gewisse Grundlegung gelungen ist. Der Lehrer kann also in seinem Unterricht die angebotene Themenvielfalt zur thematischen Ausrichtung seines Unterrichts benutzen, ohne dass er gezwungen ist, eine Vollständigkeit in der Benutzung der Themen zu gewährleisten. Eine gewisse Verpflichtung für notwendige, unerlässliche Themen ist damit nicht ausgeschlossen, wenn sie, wie schon gesagt, denn gewährleisten, dass sie für ein Themenstreaming auf allen Stufen im Sinne des Aufbaus und der Voraussetzungen für ein konsequentes Angebot genutzt werden können.

Die Orientierung am Fach i.w.S. bezieht sich in der SfGb auf bestimmte Fach-, Lern- oder Förderbereiche:

- Sprache – Kommunikation
- Schreibenlernen/Lesenlernen als Kursangebot (FOL = fachorientierter Lehrgang)
- Umgang mit Mengen/Zahlen/Größen (UMZG) als Kursangebot (FOL)
- Bewegungserziehung mit den Bereichen Sport – Psychomotorik (FOL)
- Musik (FOL)
- Bildnerisches Gestalten/Kunst
- Verkehrsunterricht
- Sexualerziehung
- Sachunterricht im engeren Sinne
- Lebenspraktisches Lernen
- Arbeitslehre mit den Bereichen:
  - Werken: Holz – Metall – Textil – Gartenarbeit – Tierpflege
  - Hauswirtschaft
  - Wirtschaft
- Wahrnehmungsübungen (zusätzlicher FOL)
- Religion (FOL)

- Therapien:
  - Sprachtherapie
  - Physiotherapie
  - Ergotherapie
  - Musiktherapie
  - Spieltherapie
- Pflege
- Spiele – Spielen – Freizeit

Diese Fach- bzw. Lernbereichsorientierung ist zunächst eine globale Orientierung, die im Wochenstundenplan verankert ist und nur im weiten Sinne als Fach bezeichnet werden kann. Die Anwendung eines Fächerkanons, wie es in den anderen allgemeinbildenden Schulen, zumal in den weiterführenden, üblich ist, stößt in der SfGb auf besondere Bedingungen:

- Seit Entstehung der Schule für Geistigbehinderte gibt es Lernbereiche, die zunächst aus anderen Institutionen übernommen wurden und/oder erst für das besondere Klientel geschaffen wurden.
- Dem Fachbereich steht nicht eine Wissenschaft als Bezugswissenschaft gegenüber, die sozusagen eine Leitfunktion hat wie z. B. der Physik- oder Biologieunterricht in den allgemeinbildenden Schulen, der sich an der didaktischen Fachwissenschaft Physik oder Biologie orientieren kann.
- Die Didaktik der SfGb ist keine feste Größe. Sie bewegt sich zwischen den Polen Orientierung an den Fächern allgemeinbildender Schulen und den Bedürfnissen des geistigbehinderten Menschen, die wiederum einer festen Größe von geistiger Behinderung zugeordnet ist.
- Bisweilen kann die Bezeichnung Fach nur als Synonym für einen Lernbereich gelten.
- Bestimmte Förderbereiche verfolgen zwar auch einen pädagogischen Zweck (Förderpflege), sind aber nicht einer Lern- und Themensequenz zugeordnet.
- Die Bezeichung »Fachorientierte Lehrgänge« ist wiederum spezifisch für die SfGb, weil sie zwar einen Fachcharakter unterstellt, aber die Stringenz eines Fachcharakters (Fachdisziplin) gleichzeitig auch in Frage stellt.

Einem bloßen – wenn auch im eingeschränkten Sinne – eigentlichen Fachunterricht steht ein vorhabenbezogenes und projektorientiertes Arbeiten gegenüber, das auch fachbezogen angeboten werden kann, aber oft auch ohne diese Orientierung angeboten wird. Das Fach hat unscharfe Konturen, weil sowohl die Zuweisung des Fachs zu der Kompetenz des Lehrers als auch die Orientierung an einer Fachdidaktik nur unvollkommen gegeben sind. Ein Lehrer in der SfGb unterrichtet seine Klasse in der Regel in allen Fächern. Die Identität Fach – Fachlehrer ist vielleicht in den Bereichen Sport, Lesen/Schreiben, Rechnen, Arbeitslehre gegeben. Dazu kommt die unterschiedliche Kompetenz der Fachlehrer und Sonderschullehrer, die sich zwar auf verschiedene Lern- und Förderbereiche verteilen kann, aber im Alltag bis auf die Angebote der Werkstufe im Bereich der Arbeitslehre nicht durchgehalten wird.

3.1 Welches Fach könnte nun einen Führungsanspruch anmelden?

Auch hier muss unterschieden werden zwischen einem Führungsanspruch für eine Stufe und einem Führungsanspruch für die ganze Schule. Ein Führungsanspruch auf der Ebene der Stufe kann zum Beispiel im Bereich Arbeitslehre in der Werkstufe eingelöst werden. Vielleicht könnte man einen ähnlichen Anspruch einer Vorstufe im Bereich des Lebenspraktischen Lernens einräumen. Doch was heißt Fach, Lernbereich, Förderangebot? Und wie sieht der Anspruch für die ganze Schule aus? In Anlehnung an die Grundschule, wenngleich auch hier in der Ländervielfalt Abstriche – vor allem in der Gewichtung des Fachs – gemacht werden müssen, sollte das Fach *Sachunterricht* diesen Anspruch einlösen. Doch sieht ein Fachanspruch, der sich an die Grundschule und ihren Unterrichtsauftrag anlehnt, anders aus in einer Schule, welche in der Regel die Altersbereiche Kindheit, Jugendzeit, Erwachsenenzeit einschließt. Fach und Sache geraten hier durcheinander.

Es muss also eine gute Begründung herhalten dafür, dass der Sachunterricht in der SfGb unter allen Fach-, Lern- und Förderbereichen einen Führungsanspruch anmelden könnte.

Hinter einem Fach steht normalerweise eine Fachdidaktik. Diese liefert eine Begründung für den Zusammenhang von Schülerinteressen/Bildungsauftrag und Fachinteressen (Didaktik eines Fachs). Fach als durch Wissenschaft (Fachdidaktik mit wissenschaftlichem Anspruch, Bezugswissenschaft etc.) fundierter Lehrbereich fußt einerseits auf einem geschichtlich herleitbaren Fächerkanon, stellt andererseits eine spezifische Bezugnahme der Schulform, des Schultyps auf sein Klientel dar. Bisweilen wird auch der Ausdruck Kunde statt Fach benutzt (speziell im berufskundlichen Unterricht), um a priori keinen wissenschaftlich-propädeutischen Anspruch zu erheben, sondern die besondere Lehre in Verbindung mit einem besonderen Lehrziel in einem praxisbezogenen Lernbereich zu bezeichnen. Kunde ist eine Form der Information, die mehr auf praktische Nutzanwendung des zu vermittelnden Wissens abzielt.

3.2 Definition der Fachdidaktik für den Fachbereich Sachunterricht in der SfGb

- **Schülerbezug:** Der Schüler lebt in einer Alltagswelt, die durch die Komponenten Familie/Lebensgemeinschaft, Wohnumgebung, Einkaufszentrum etc. zusammengesetzt ist. Man kann sich die Ausweitung dieser von uns so genannten Alltagswelt/alltäglichen Lebenswelt in konzentrischen Kreisen vorstellen, die vom Wohnort aus in die Alltagswelt eingreifen. Sein Eingebundensein in diese Alltagswelt gründet sich auf Beteiligungsformen, die ihm trotz und mit seiner Behinderung Zugänge zur Alltagswelt ermöglichen. Soweit sein Verhalten, sein Handeln, sein Vorstellen und Wahrnehmen konkret ist, gründet es auf Konstituentien dieser Alltagswelt. Die Eltern/Erziehungsberechtigten und am Erziehungsprozess beteiligte Institutionen werden Wert darauf legen, ihn immer fester durch eigene Beteiligungsformen in diese Alltagswelt einzubinden. Da es sich um eine Genese von Welt handelt, hinter der auch ein Weltkonzept – Bildung und Weltbild stehen zueinander wie Befähigung zum Umgang mit der Welt und Handeln aus einem persönlichen Bewusstsein heraus vom Weltganzen als einer Sinn-Einheit – steht, haben die Situationen und Bereiche dieser Alltagswelt einen hohen Aufforderungscharakter, denen sich der geistigbehinderte Mensch stellen muss und stellen kann. Schülerbezug bedeutet also hier: Der Schüler hat eine Lern- und Lebensbiografie, die sich auf den Elementen dieser für ihn bedeutungsvollen Alltagswelt gebildet hat. Sie hat für ihn einen mehr oder weniger hohen Aufforderungscharakter, der sein Handeln motiviert und sein Lernen begünstigt, einschließlich aller Hindernisse und Hemmungen, die durch seine Behinderung und das stützende oder hemmende Umfeld seiner Mitmenschen bedingt sind (Behinderung als soziale Behinderung!). Seine

Entwicklung ist also gebunden an seine Beteiligungsformen an dieser Alltagswelt, die sein weiteres Leben und Überleben in der Gesellschaft bedingen.

- **Bildungsauftrag**: Ob nun bildend im Sinne der Bildungstradition der deutschen Schule (vgl. Bernhard 1999, 654; vgl. Hörster 1998; Schwenk 1994; Benner/Brüggen 1997), ob nun bildend als Bildungsanspruch des einzelnen Menschen an die Gemeinschaft und Gesellschaft im Sinne der Bildungstheorie (vgl. Plögel 1999, 270), ob nun bildend in Verbindung mit dem Allgemeinen der Bildung auf der Grundlage eines Lebensweltbezugs (vgl. Schurad 1995, 161 ff.), immer steht uns ein Auftrag vor Augen, der etwas mit der Auseinandersetzung des jungen Menschen mit der objektiven Welt zu tun hat, der andererseits die subjektive Welt des einzelnen Menschen in konstruktiver Relation zu ihr bewegen will. Bildung vor dem Hintergrund von Sachunterricht kann Prüfstelle sein für die Legitimierung derselben oder Auftrag dazu.

»Kinder sollen im Sachunterricht befähigt werden, die Wirklichkeit – das Verhältnis zu sich selbst, zu anderen sowie zur materiellen Umwelt mit ihren natürlichen und kulturellen Gegebenheiten – zu erschließen. Sie sollen wahrnehmungsfähig für soziale, politische, ökonomische, ökologische, kulturelle Gegebenheiten und Prozesse werden und sich dazu verhalten können. Betrachten wir Sachunterricht als Ort von Bildungsprozessen, geraten Schüler und Schülerinnen ebenso wie Lehrer und Lehrerinnen als Subjekte in den Blick, als sozial sich Verhaltende und Handelnde. Selbsttätig und gemeinsam mit anderen eignen sie sich ihre Wirklichkeit an: durch eigenständiges Untersuchen, Erkunden, Ausprobieren, Üben, durch Sammeln und Ordnen von Erfahrungen. Arbeit im Sinne zielgerichteter Tätigkeit ist so Medium von Bildung« (Stoltenberg 1998, 199).

Der Allgemein-Bildungsauftrag der »Selbstverwirklichung in sozialer Integration«, der Hinführung zu einem selbst- und mitbestimmten Leben und Lernen kann jeweils global gelten (Allgemeine Didaktik), kann aber auch spezifisch – auf der Grundlage dieses allgemeindidaktischen Bezugs – auf einen Fach- und Lernbereich bezogen werden. Der Sachunterricht – als Fachunterricht – im engeren und im weiteren Sinne (was noch abgeklärt werden muss) lässt sich also unter Zugrundelegung der lebens- oder alltagsweltlichen Bereiche (als Themenbereiche) auf einen Bildungsanspruch hin definieren:

- **Im Bereich »Verkehr – Orientierung« könnten wir formulieren:** Selbstverwirklichnung, Inanspruchnahme von persönlicher, individueller Freiheit setzt in einer mobilen Gesellschaft ein gewisses Maß an Mobilität voraus. Diese Mobilität kann nur durch Einübung in Nutzung von Verkehrssystemen erreicht und erhalten werden. Der moderne Verkehr ist überaus komplex, so dass schon seine Nutzung nur im Bereich des nur auf seine eigene Motorik/Mobilität angewiesenen Verkehrsteilnehmers überaus schwierig ist. Sobald auch die Nutzung eines Verkehrsmittels zur eigenen Fortbewegung angedacht ist, werden besondere Berechtigungsnachweise eingefordert, die hinwiederum besondere Kompetenzen in der Nutzung des Verkehrsmittels voraussetzen. In einer globalisierten Welt spielt die Entfernung von einem Ort zu einem anderen fast keine Rolle mehr. Die Nutzung von Freizeit zu Bildungszwecken (Besuch von Museen, Galerien, Ausstellungen etc.) ist überaus verbreitet. Der Anspruch auf Urlaub im Ausland wird von der Freizeitindustrie als selbstverständlich angesehen. So heißt Verkehrsunterricht in der SfGb: kompetent machen für die Inanspruchnahme von Freiheit für selbst- und mitbestimmtes Leben und Sicherung von Partizipation an einer multi-/interkulturell dargebotenen Lebenswelt.
- **Im Bereich »Medien« könnten wir formulieren:** Als gebildet im Sinne einer selbstverantwortbaren Nutzung von Medien kann gelten, wer die Medien sinn- und sachgemäß zu nutzen weiß. Diese bildungsbezogene Zielperspektive bedarf einer Konkretisierung: Es ist heute üblich, sich über Medien zu informieren, sich durch Medien unterhalten zu lassen. Davon kann keine Altergruppe ausgenommen werden. Selbst die Kleinsten sollen schon in diese Medienkultur einbezogen werden. Während der häusliche Gebrauch von den Kindern und Jugendlichen gleichsam als Methode verinnerlicht wird, ohne dass damit zunächst die Inhalte angesprochen werden, besteht die Schule vor dem Hintergrund ihres kulturellen Auftrags darauf, Kinder und Jugendliche über Sinn- und Bedeutungslernen in eine gewisse Distanz zur sogenannten Medienkultur zu bringen, um eine spätere Nutzung auf eine Ebene von Eigenverantwortung und Lebensgestaltung zu heben. Die geistigbehinderten Menschen stehen hier in der Nutzung von Medien nicht nach. Der Kulturauftrag der Schule wird eher in der Richtung wirksam werden müssen, dass eine Nutzung von Medien von der Vor- und Unterstufe an im Verständnishorizont der Schüler angesiedelt wird, so dass alles Unverständliche und

Unverstandene über Interesse und Neugier der Bearbeitung durch Verständnishilfen bedarf. Verständnishilfen als methodische Vorgehensweise, ihre Fragestellungen ernst zu nehmen und sie vor den Verführungen der Medien zu schützen. Was hier als Bildungsaufgabe bezeichnet wird, kann umgesetzt werden in aktive Beteiligungsformen auf den einzelnen Stufen, die möglichst zusammen mit den Eltern definiert werden.

- **Im Bereich »Einkauf – private Versorgung« könnten wir formulieren:** Die Selbstversorgung des Menschen, zumal des erwachsenen Menschen, setzt eine optimale Selbstständigkeit in der Besorgung des täglichen Lebens und Überlebens voraus. Das selbstständige Handeln auf der Grundlage der Struktur »Was brauche ich zum Überleben«, »Wie kann ich mir mit welchen Mitteln das Überleben sichern«, »Wie kann ich diese Vorsorge lebenslang aufrecht erhalten« ist in gesellschaftliche Prozesse eingebunden, hat einen hoch bedeutsamen kulturellen Anspruch, der als Bildungsanspruch im Bereich der Schule grundgelegt und im späteren Leben geltend gemacht werden kann. Die im Vordergrund stehende Sache »Einkauf« gründet also auf einem Bildungsanspruch, der die Sache in ihrer vielschichtigen Bedeutung für den Menschen (Käufer, Konsument/Nutzer, Ver-braucher, Ver-führer) und in ihrer vielgestaltigen Vernetzung mit Sinn- und Bedeutungszusammenhängen transparent macht.

Die heutige westliche Gesellschaft als Konsumgesellschaft zu bezeichnen, die fast ausbeuterisch die Ressourcen der Welt zum eigenen Konsum nutzt, dürfte nicht schwer fallen. Die damit verbundene Vergötzung von Geld und materiellen Werten geht einher mit dem allseits beklagten Verfall immaterieller Werte. Gerade auch die Selbstverwirklichungsmöglichkeiten, die durch Kleidung und Kosmetik in entsprechenden Modeerscheinungen auf die Spitze getrieben werden, verraten, wie bedeutungsvoll dieser Bereich ist und wie verantwortungsvoll die Aufgabe der Schule ist, zur Selbstverwirklichung in diesem Bereich durch Eigenverantwortung beizutragen. Wer die Faszination sieht, die Konsumtempel auf Kinder und Jugendliche ausüben, ermisst die Schwierigkeit, einerseits ganz normale Vorgänge des Erwerbs von Sachen in entsprechenden Sachbereichen und Situationen zum Gegenstand des Unterrichts zu machen, andererseits vor der Verführbarkeit des Konsums (Konsumterror) zu schützen. Hat der erwachsene Mensch schon Probleme, das Verhältnis von Lebensmitteln (= zum Überleben notwendige Mittel), finanziellen Möglichkeiten und eigenen Wunschvorstellungen in Einklang zu bringen, um wieviel schwieriger hat es dann der behinderte Mensch, der diese Trialektik nicht gänzlich durchschaut und die Verführungen von Reklame und Werbung (heimliche Verführer) vielleicht weniger distanziert über sich ergehen lassen muss. Der Bildungsanspruch in diesem faszinierenden Bereich lässt sich vielleicht so formulieren: Die Schüler der SfGb sollen möglichst früh in diesen Bereich eingeführt werden, um ein hohes Maß an Selbstständigkeit zu erwerben. Wählenkönnen, Bezahlenkönnen, Planenkönnen, Vorlieben-entwickeln-können sind Kompetenzbereiche, die ein hohes Maß an Freiheit zulassen. Der Bereich eignet sich natürlich auch für Fremdbestimmung, Beeinflussung, Beschneidung von persönlicher Freiheit und Bevormundung. Insofern kommt der SfGb hier die besondere Aufgabe zu, Selbstbestimmung zu bestärken und Fremdbestimmung auf ein sinnvolles Maß zurückzuführen. Gerade die Grenzen seiner Inanspruchnahme von Freiheit werden dem behinderten Menschen hier täglich vor Augen geführt. Der Umgang mit Geld, die Inanspruchnahme von Beratung, die Orientierung in der Geschäftswelt, das Abwägen eigener Bedürfnisse und entsprechende Befriedigungsmöglichkeiten stellen hohe Anforderungen an das Konzept des selbstbestimmten Lebens, so dass die Assistenz in diesen Bereichen einen großen erzieherischen Stellenwert einnimmt (persönliches Budget!).

- **Im Bereich »Natur« (Natur I – Pflanzenwelt, Natur II – Tierwelt, Natur III – Naturphänomene) könnten wir formulieren:** Bildung steht im Zeitalter der zunehmenden Umweltzerstörung, der Verknappung der für das Überleben der Menschheit notwendigen Ressourcen unter einem ökologischen Anspruch. In Zeiten von Tiermehlverwertung bei von pflanzlicher Kost lebenden Tieren, von Medikamentenmissbrauch bei der Tieraufzucht kommt der Schule allgemein die Aufgabe zu, die Behütung von Schöpfung, die Bewahrung der Schöpfung, die Erhaltung der Arten bei Pflanzen und Tieren schwerpunktmäßig in die Themenwahl des Unterrichts einzubeziehen. Die zur Zeit geltende Hybris, Schöpfung als korrekturbedürftig hinzustellen und die zweite Schöpfung aus der Hand des Menschen einleiten zu müssen, bedarf einer Korrektur dahingehend, dass der Aufweis der Schönheit der geschaffenen Welt ringsherum, die Erhaltung durch Reservate und ausgewiesene Schutzzonen bei der unterrichtlichen Behandlung im Vordergrund stehen. Deshalb bezieht sich das Angebot der SfGb darauf, die Schüler exemplarisch und wohnortbezogen in diese Bereiche einzuführen, durch die Anlage von Gärten, durch Gestalten von Tierpflege Beteiligungen der Schüler auf den einzelnen Stufen zu sichern und die Grundhaltung »Achtung vor der Schöpfung« zu vertiefen.

- **Im Bereich »Zeit – Zeitläufte – Zeitgeschichte« könnten wir formulieren:** Bewusstsein von Zeit, Erleben von Zeit in den Perspektiven Vergangenheit, Gegenwart und Zukunft, Bewusstmachen von Geschichte als Geschichte der Menschen, des eigenen Ichs, der Gewordenheit der Schöpfung, Umgang mit der Zeit als Verbrauchszeit im Tages- und Jahresablauf, Einhalten von Zeit als sozial und gesellschaftlich verfügbare und verfügte Zeit: Diese Aufgabenstellungen stehen unter einem Bildungsanspruch von allgemeinbildender Schule (vgl. Duncker 1996, 153 ff.). Gerade auch die Orientierung an der Lebenszeit, an der Geschichte, an Zukunftsaufgaben stellt hohe Anforderungen an die Schüler der SfGb. Eine reduzierte Aufgabenstellung im Hinblick auf die Uhrzeit und den Jahresablauf wird den Bildungsansprüchen nicht gerecht. Die Schüler werden durch die Medien permanent mit den verschiedenen Zeitzonen in der Welt konfrontiert, das Erleben von Geschichte durch Film und Fernsehen würde sie einer Orientierungslosigkeit ausliefern. Da ist es besser, ihnen einen geschichtlichen Rahmen vorzugeben, innerhalb dessen sich wichtige Ereignisse der Geschichte aneinander reihen, die immer noch Bezug zur Gegenwart der Menschen heute, damit auch zum Schüler haben.
- **Im Bereich »Öffentliche Versorgung « könnten wir formulieren:** Öffentliche Versorgung greift tief in die Gestaltung des Lebens ein. Sei es die Versorgung mit Strom, Gas und Wasser, sei es die Kommunikationstechnik, sei es die Gesundheitsvor- und -fürsorge, sei es die Inanspruchnahme der Öffentlichen Verwaltung auf den unterschiedlichen Ebenen: überall ist der Mensch heute in staatlichen, verwaltungsrelevanten Abhängigkeiten von der Geburt bis zum Tod, die nur schwer zu durchschauen sind. Gerade auch der behinderte Mensch ist von öffentlicher Versorgung betroffen und wird von ihr »verwaltet«. Die Inanspruchnahme öffentlicher Vorsorge, Beihilfe und Assistenz unterliegt bestimmten Anforderungen. Selbstbestimmt leben setzt voraus, dass Behördengänge erledigt und Versorgungsansprüche befriedigt werden, Gleichheit vor dem Gesetz mit Rechten und Pflichten in Anspruch genommen wird. Schon die Öffentlichtkeitsarbeit der Schule steht unter dem Anspruch, diesen Verkehr mit den Behörden vor Ort (Gemeinde, Stadt, Kreis, Land)

zu pflegen und öffentliche Institutionen auch unterrichtlich und themenbezogen in Anspruch zu nehmen.

- **Im Bereich »Gesundheit – Krankheit – Tod« könnten wir formulieren:** Das Erleben von Hilfe und Assistenz, die Akzeptanz von Hilfestellungen durch Mitmenschen, das Erfahren von Solidarität in der Familie, Schule, Gemeinde und letzthin in der Gesellschaft ist die Zusicherung von Lebensbegleitung unter dem Anspruch von Normalität. Wenn schon Gesunderhaltung, Erfahren von Krankheit und Tod für den nichtbehinderten Menschen Aufgabenstellungen einer gesunden Lebensführung und einer Annahme existenzieller Bedingungen bedeuten, um wieviel mehr spielen sie beim behinderten Menschen eine Rolle, der oft von der Geburt an Erfahrungen mit Krankheit und Leid gemacht hat. Oftmals ist seine Lebensführung daran gebunden, durch langzeitige Therapien bis in das Erwachsenenalter hinein Beweglichkeit zu erhalten und Fortbewegung zu sichern. Oft erfährt er die totale Abhängigkeit von anderen Menschen in der ganz normalen Lebensführung und das Maß der Inanspruchnahme von Freiheit ist gerüttelt klein. Der Bildungsanspruch definiert sich in diesem Bereich auf die Einsicht in existenzielle Notwendigkeiten unter Sicherung von Lebensqualität.
- **Im Bereich »Gemeinschaftskunde – Politik« könnten wir formulieren:** Der Bürger in der demokratischen Gesellschaft ist ein Mensch mit politischer Willensbildung. Beteiligungen am politischen Geschehen, an gemeinschaftlichen Aufgabenstellungen gehören nicht gerade zu einer Gesellschaft, die vordergründig als Lust-Gesellschaft bezeichnet wird und deren Mitglieder oft der eigenen Selbstverwirklichung einen allzu hohen Stellenwert beimessen. Jetzt auch noch für die Menschen mit geistiger Behinderung Beteiligungsformen am politischen Geschehen zu fordern und der Schule die Aufgabe zuzuweisen, die behinderten Schüler darauf entsprechend vorzubereiten, könnte vielleicht als überzogene Forderung bezeichnet werden. »Nun sind sie doch schon integriert. Das sollte doch reichen!« So wenig, wie das eine stimmt, kann man das andere gut heißen. Zunächst einmal formuliert sich Allgemeinbildung als Vorbereitung auf ein Leben in einer demokratischen Gesellschaft mit allen Rechten und Pflichten. Die Infragestellung dieser Gleichheit durch Rechtsradikalismus, die Bedrohung durch medizinische Eugenik wirkt nicht gerade beruhigend für die Inanspruchnahme von pädagogischer Verantwortung für unsere behinderten Mitbürger. Kunde von der gesell-

schaftlich und politisch verfassten Gemeinschaft der Mitbürger, Einüben in demokratische Regeln und Beteiligungen durch das Schulleben, Vorbereitung auf die Übernahme von Verantwortung für Mitmenschen sind legitime Aufgaben von Schule, gerade auch der Schule für Menschen mit Behinderungen. Egal wie man Integration definiert, der Prozess der Integration schließt in jedem Falle ein, dass die Zugehörigkeit des behinderten Menschen zur Gemeinschaft und Gesellschaft der Mitbürger durch Lebensformen praktiziert wird als Übungsformen für spätere Beteiligungen. Die Menschen mit geistiger Behinderung können große Solidarität für andere Menschen praktizieren, zeigen darin ein überzeugendes Engagement, das bis ins Erwachsenenalter hinein tragfähig für Beteiligung an gemeinschaftlichen Aufgaben ist. So kann dieser dauernden Ausgrenzung durch behindertenfeindliches Denken und Handeln eher vorgebeugt werden als durch isolierende Lebens- und Wohnformen.

- **Im Bereich »Religion – Glaube« könnten wir formulieren:** Der Bildungsanspruch im Bereich »Religion – Glaube« geht anthropologisch von der These des Anspruchs des jungen Menschen auf religiöse Orientierung aus. Da die Gesellschaft – noch – gewisse christliche Fundamente im Wertebewusstsein nicht leugnen kann, die Verfassung sich ausdrücklich dazu bekennt, der Religionsunterricht als normales Unterrichtsfach gilt, der Allgemeinbildungsanspruch der SfGb auch hier greift, möchte die SfGb dem in nichts nachstehen. Sie ist natürlich eher daran gebunden, Religion und Religionsausübung in der Praxis zu zeigen. Wenn denn der Vorbehalt des Elternhauses hier gilt, wird sie sicher Distanz üben müssen. Andererseits wird sie das Problem eines konfessionsgebundenen Religionsunterrichts für sich selbst lösen müssen. Es soll ja in diesem Bereich nicht der Fachanspruch legitimiert werden, sondern Religion und Glaube sollen als in der Alltagswelt/Lebenswelt auffindbare Bereiche ausgewiesen werden, die in ihrem Bildungsanspruch Handlungspraxis und Religionsausübung als dem Menschen zugehörig aufzeigen sollen. Da ein ganzer Fachbereich dahinter steht, wird es dessen Aufgabe sein, diese hier aufgewiesene Themenvielfalt in das Unterrichtskonzept des Religionsunterrichts einzubeziehen. Jeder in diesem Fachbereich unterrichtende Lehrer kennt die Aufgeschlossenheit der Schüler mit geistiger Behinderung gegenüber diesem Lebensweltbereich und weiß, dass der Ablauf eines Jahres nicht zuletzt religiös und brauchtumsbezogen eingebunden ist in die Glaubenspraxis der Kirchen und Glaubensgemeinschaften.

- **Im Bereich »Liebe – Partnerschaft – Sexualität« könnten wir formulieren:** Der Mensch ist immer und in jeder Phase seines Daseins ein Sexualwesen. Der Mensch mit geistiger Behinderung ist es in gleicher Weise. Wer die Entwicklung des Fachbereichs »Sexualkunde« von seinen ersten Anfängen in der allgmeinbildenden Schule mitgemacht hat, weiß, dass gerade dieser Fachbereich im Vergleich zu seinem gesellschaftlichen Stellenwert seine eigene Problematik hat, angefangen von einer eher biologistischen Sichtweise bis hin zu einer eher praxisbezogenen Thematisierung. Die Sichtweise der Eltern geistigbehinderter Menschen steht einer Akzeptanz der Geschlechtlichkeit mit zunehmendem Alter (Pubertät, Adoleszenz) ihrer behinderten Kinder oft im Wege, gerade auch, wenn es darum geht, Sexualität in der Beziehungsaufnahme zum anderen Geschlecht gut zu heißen. Aus dieser sicherlich problembeladenen Sicht hat die SfGb hier eine Aufgabenstellung, die sich wie folgt definieren lässt:
- Der Sachbereich »Liebe – Partnerschaft – Sexualität« wird in seiner Themenvielfalt altersbezogen und behindertengerecht auf allen Stufen behandelt.
- Der Sachbereich »Liebe – Partnerschaft – Sexualität« geht von der Gesamtpersönlichkeit des behinderten Menschen aus und versucht, den Bereich Sexualität in das Leben des behinderten Menschen zu integrieren.
- Der Sachbereich »Liebe – Partnerschaft – Sexualität« geht grundsätzlich davon aus, dass die Menschen mit geistiger Behinderung in derselben Weise wie andere Menschen einen Anspruch darauf haben, Sexualität als dem Menschen zugehörige Gabe/Aufgabe zu erfahren.
- Der Sachbereich »Liebe – Partnerschaft – Sexualität« führt die Schüler unter der Beachtung der Würde des Menschen und der weitestmöglichen Inanspruchnahme von Freiheit zu einer Lebensorientierung, die in die Zukunft hinein Perspektiven für mögliche und wünschenswerte Partnerschaft eröffnet.
- **Im Bereich »Spiele – Spielen – Freizeit« könnten wir formulieren:** Der Ganztagscharakter der SfGb bietet mit seinem eher lockeren Ablauf die Möglichkeit, diesen Bereich als Lern- und Lebensbereich zugleich zu gestalten. Lernbereich, weil Spielen und Freizeitgestalten Anforderungen an den Schüler stellen. Lebensbereich, weil die SfGb Freizeitbereiche ausweisen muss, in denen die Schüler ihre Zeit unter Anleitung sinnvoll zu Spielen und Freizeitgestaltung nutzen können. Die Möglichkeit, hier

Kompetenzen zu erreichen, kann nicht hoch genug eingeschätzt werden. Sinnvoll soll zum Beispiel bedeuten, dass der Schüler und spätere Erwachsene seine Zeit im Elternhaus oder im Wohnheim selbst gestalten darf, dass er nicht dem Sog der Medien erliegen muss, sondern Spaß und Freude an Gestaltungsmöglichkeiten hat, die anzuwenden er schon in der Schule gelernt hat und die ihn in gewisser Weise auch herausfordern. Das Feld der Beziehungsaufnahmen und der Erhaltung von Beziehungen, soziales Lernen in der Weise der Gestaltung von Beziehungen kann durch diesen Bereich große Bereicherung erfahren und Freizeitgestaltung als Lebensgestaltung ausweisen.

- **Im Bereich »Technik« könnten wir formulieren:** Während man noch vor wenigen Jahrzehnten durchaus in der Lage war, einen Bereich Technik, der in der Alltagswelt vorfindbar war, von anderen Bereichen abzutrennen, wo eben Technik nicht auffindbar war, ist es heute nicht mehr möglich, irgeneinen Bereich ohne technische Hilfen, Anlagen, Einrichtungen zu benennen. Technik umgibt praktisch alle Bereiche unseres Lebens, so dass ein Leben ohne die Möglichkeiten der Technik gar nicht mehr vorstellbar ist. Haushalt ohne Kühlschrank, Waschen und Spülen ohne Wasch- und Spülmaschine, Büro ohne Technik, Fortbewegung ohne Technik: fast nicht mehr denkbar. Ganz abgesehen davon, dass mit zunehmender Technisierung unserer Umwelt die Ansprüche an die Benutzung der Technik wachsen, die Technik als solche fast nicht mehr für den Alltagsverstand durchschaubar ist. Wenn wir nur den Bereich der Kommunikationsmittel in Betracht ziehen: Kommunikation so einfach face-to-face ist scheinbar auf dem Rückzug. Stundenlanges Verweilen vor dem Fernseher, stundenlanges Kommunizieren über Internet ist durchaus im Bereich des Vorstellbaren. Inwieweit da noch Technik als Hilfe im Alltag verstanden werden kann und nicht vielmehr Abhängigkeitsverhältnisse geschaffen werden, steht auf einem anderen Blatt. So steht die Anfrage nach dem Bildungswert der Technik sicher obenan, und wir müssen antworten: Kinder und Jugendliche nutzen ganz selbstverständlich die in ihre Spielwelt eingezogene Technik. Sie beherrschen sie auch, sie fasziniert sie sogar, so dass das Lernen im Umgang mit der Technik bzw. die Akzeptanz von Technik daran gebunden ist, wie sehr sie Hilfe und Erleichterung schafft und wie wenig sie geistige Entwicklung verhindern darf. Der ökologische Aspekt darf dabei nicht ausgelassen werden. Der Mensch mit geistiger Behinderung steht da in der Akzeptanz von Technik den anderen Menschen nicht nach. Der Allgemeinbildungsanspruch richtet sich nach dem zum Alter zugehörigen Anspruchs- und Erwartungshorizont. Was auf der einen Seite Konsum bedeutet, kann sich auf der anderen Seite als lebensnotwendige Hilfe in der Fortbewegung oder in der Kommunkation darstellen. Die sinnvolle Nutzung von Technik mit dem besonderen Anspruch ihrer adäquaten Anwendung für bestimmte Lebensbereiche bringt ein hohes Maß an Normalität hervor und ist im Prozess der Normalisierung beachtenswert.

- **Im Bereich »Arbeit« könnten wie formulieren:** Wer den Übergang von der Werkstufe in den Bereich der Werkstatt für behinderte Menschen (WfbM) in Betracht zieht, weiß, dass neben Wohnen und Freizeit Arbeit das Leben des behinderten Menschen bestimmen wird und er sich damit gemäß dem Anspruch der Gesellschaft in die Aufgabenstellungen einer Gesellschaft des 21. Jahrhunderts einreiht und Beteiligung an der Sicherung seiner Zukunft zeigt. Diese Beteiligungsformen sichern zugleich seine Integration in die Gesellschaft. Andererseits besteht der bildungsrelevante Anspruch dieses Bereichs auch darin, gesellschaftliche Formen von Arbeit durch den Unterricht darzustellen und Arbeit generell als Gestaltungsform des Lebens in der Gemeinschaft auszuweisen. Soweit Behinderung dabei nicht hinderlich ist, hat der Mensch mit geistiger Behinderung einen Anspruch auf Gestaltung und Mitgestaltung der Gesellschaft und in der Gesellschaft. Diese Beteiligungsformen sind zwar zugeschnitten auf seine Möglichkeiten, soweit es sich um die nach der Schule folgende Arbeit in der WfbM handelt, sollten aber nicht als ausschließliche Möglichkeiten gesehen werden. Die heute schon aus der WfbM herauswachsende Form der Integrationsgesellschaften öffnen auch Möglichkeiten auf dem freien Arbeitsmarkt. Der schwerstbehinderte Mensch mit geistiger Behinderung wird auch der WfbM als seiner Arbeitsstätte zugewiesen. Soweit er Arbeit leisten kann, muss er in den Arbeitsprozess einbezogen werden, soweit er nicht Arbeit in der Form der Erwirtschaftung von Produkten leisten kann, hat er doch ein Recht, WfbM als Förderstätte und damit als zweiten Lebensraum zu erleben. Eine Abtrennung der Förderstätte von der WfbM, wie es schon in einigen Bundesländern Praxis ist, würde schnell zur Abschiebung in den Pflegebereich führen und ihn damit aus der Gesellschaft total ausgliedern. Wer diese Probleme sieht, versteht, warum die SfGb diesen Bereich »Arbeit« als Bildungsanspruch für den geistigbehinderten Menschen proklamiert, sei es in der Weise des Kennenlernens von Arbeit auf alle Stufen als menschliche Form der Gestaltung von Wirklichkeit, sei es in der Zielorientierung der Werkstufe, die auf die Vorbereitung der jungen Menschen für die Berufsfindung und -bildung ausgerichtet ist.

- **Im Bereich »Kunst – Kultur – Theater« könnten wir formulieren:** Der geistigbehinderte Mensch bzw. der Mensch mit geistiger Behinderung, insoweit wir überhaupt von einem geistigbehinderten Menschen in dieser Simplifizierung sprechen können, begegnet seiner Umwelt, Mitwelt, Alltagswelt einerseits sehr offen, weil er sich für ihre Phänomene interessiert, begegnet ihr andererseits auf seine Art, sei es vorgeprägt durch Formen der Auseinandersetzung mit der Umwelt, sei es eingeschränkt durch eine Sozialisierung in der Familie, die diese Offenheit zu stark kanalisiert oder gehemmt hat. Da Alltagswelt als Lebenswelt des Menschen eine vom Menschen geschaffene Kulturwelt ist, der Schüler der SfGb notwendig dazugehört, sowohl im Erleben, Miterleben der Kultur, als auch im Schaffen von Kultur, hat die Schule die Aufgabe, entsprechende Begegnungen mit der Kultur gemäß den Kriterien einer Öffnung für die Ästhetik der Umwelt vorzubereiten und entsprechende Schaffensmöglichkeiten von Kultur anzubieten. Beim Ausgang von der näheren Umgebung des Schülers (Familie, Wohnheim, Schule) öffnen sich diese Begegnungen und Beteiligungen mit zunehmendem Alter und zunehmender Altersgruppentypisierung hin zu einer Integration in die Kultur der Umwelt. Hier findet im höchsten Maße Bildung statt, weil das Bild des Menschen mit dem Anspruch auf Erleben und Gestalten diese Auseinandersetzung aus dem Geschehen der aktuellen Zeitgeschichte heraus und im aktuellen gesellschaftlichen Zusammenhang prägt.

So ist die Umwelt des Menschen eine vom Menschen gestaltete Lebenswelt/Alltagswelt. Der Mensch bedient sich zum Leben und Überleben der jeweiligen Lebensformen, -stile, die in seinem Kulturkreis relevant sind, das Leben prägen. In Zeiten der Multikultur ist es besonders wichtig, den eigenen Kulturkreis – durchaus mit multikulturellem Anspruch – als zur Identität zugehörig wahrzunehmen und zu erleben. Gestaltete Umwelt/Alltagswelt/Lebenswelt setzt zum einen den Menschen als Gestalter seiner Welt voraus, bezieht sich zum anderen auf die Kulturformen, die er geschaffen hat und mitgestalten kann. Kunst – Kultur – Theater schließen also alle in der Lebenswelt auffindbaren Formen kultureller Gestaltung (Spiel, Kunst, Musik, Theater etc.) ein, derer sich der

Mensch auf der Suche nach Sinnfindung und Bedeutungsgestaltung bedient, um seine Welt als leibzentrierte, geistige, ästhetische Welt darzustellen. So strukturiert er seine Welt in Farben, Formen und Gestalten, in Licht und Ton, in den symbolischen Formen der sprachlichen und bildlichen Darstellung. Da der geistigbehinderte Mensch dieser Welt zugehörig ist, ist er durch dieselben Weisen der Wahrnehmung, Gestaltung, Nachempfindung, Erlebnisbereicherung an diesem Kulturbetrieb beteiligt. SfGb hat also hier die Aufgabe, dem Menschen mit geistiger Behinderung jeweils auf dem Niveau seines Erlebnis-, Einsichtsvermögens und seiner Gestaltungsmöglichkeiten an der Wahrnehmung und Gestaltung seiner Mitwelt zu beteiligen und ihn in der ganzen Breite der Kulturproduktion diese gemeinsame Welt zu erschließen. Durch diese Miterlebens- und Mitvollzugsmöglichkeiten findet er Möglichkeiten der Selbstdarstellung in seinem Denken, Wahrnehmen und Fühlen und der Partizipation an den Kulturprodukten. Der integrative Stellenwert dieser Mitgestaltung und Beteiligung ist groß und findet seine Beachtung in der Gestaltung von Schule durch Schulprogramm, Schulleben und Öffnung von Schule.

3.3 Die Fachtypik des Sachunterrichts in der Schule für Geistigbehinderte

- **Fachtypik:** In der Regel – hier sind die Richtlinien und typischen Didaktiken der SfGb angesprochen – pflegt man zu behaupten, dass der Unterricht als Fachunterricht, als Kurs oder als Projekt oder projektorientiert im Rahmen eines Fachbereichs angeboten wird. Die eher weite Fachbezogenheit versteht sich im Vergleich zu anderen allgemeinbildenden Schulen eher als Bezogenheit auf eine zu vermittelnde Kunde. Der Begriff »Kunde« wird zum Beispiel in berufsbildenden Schulen gebraucht und beinhaltet eine Orientierung an einem Fachbereich, der informieren soll und gebrauchsfertige Informationen vermitteln soll. Es besteht auch eine Beziehung zu vergleichbaren Unterrichtsfächern in der Grundschule (Lesen, Schreiben, Rechnen, Sport u.a.m.) oder in weiterführenden Schulen (Arbeitslehre in der Aufteilung von Werken in verschiedenen Fachbereichen, Hauswirtschaftslehre und Wirtschaft). Das Fach gibt die Inhalte und Methoden vor, mit welchen die Schüler sich auseinandersetzen sollen.

Die Typik des Fachs Sachunterricht in der SfGb kann also beschrieben werden:

- als Sachunterricht in Angleichung an den Sachunterricht der Grundschule: Die angegebenen Kriterien weisen aus, dass er sich mit der Grundschule als Sachunterricht im Verbund der Fächer und in der Herleitung seiner Legitimation gleichsetzen kann. Sie weisen aber auch aus, dass er eine eigene Typik hat vor dem Hintergrund der »anderen« Schüler und des Auftrags der SfGb.
- als Fachunterricht in der Weise eines fachdidaktischen Anspruchs an den Unterricht: »Die Fächer – sowohl in ihrer historischen Gewordenheit als auch in ihrer bildungstheoretischen Legitimation – stellen [...] eine Vermittlung dar. Sie leisten Vermittlungsdienste zwischen einer Wissenschaft, einem Kulturbereich, einer Lebensform und einem jungen und bildungs- wie lernbedürftigen Menschen, der auf kulturelle Partizipation in seiner Alltagswelt und Kulturepoche vorbereitet werden muss (Integrationsfunktion), sie leisten Vermittlung zwischen kulturellen Standards (Kulturtechniken, Alltagsmethoden, Regeln und Riten der Alltags- und Lebensbewältigung einer vornehmlich geeinten Erwachsenenwelt und eines einzelnen Sozialwesens, das durch sekundäre Sozialisation aus dem Kreis der Familie oder Lebensgemeinschaft heraus in die Gesellschaft eingepasst und eingefügt werden soll. Sie leisten Vermittlung zwischen einem anerkannten Weltbild auf der Höhe einer Kulturepoche und einem Wesen, das mit seinem ›Weltbildapparat‹ (Lorenz) zur Rezeption dieses Weltbildes und zur Auseinandersetzung mit diesem Weltbild geführt werden soll« (Schurad 1995, 39).
- als Fachunterricht in der SfGb mit dem besonderen Schwerpunkt der Angebote aus dem alltäglichen Lebensbereich, aus der Alltagswelt, soweit sie für die Situationsbewältigung zum Leben und Überleben des Menschen vorgegeben werden muss,
- als fächerübergreifend, weil die Alltagswelt/Lebenswelt eine Themenkonzentration darstellt, die sich auch auf andere Unterrichtsfächer beziehen kann, vielleicht eher eine fachbezogene, themengebundene Konzentration ohne spezifischen Fachanspruch für andere Fächer darstellt.

Wir haben es also mit einer Fachdidaktik im weiten Sinne zu tun. Als Fach soll der Sachunterricht für die SfGb abgedeckt werden. Die Didaktik des Fachs soll die Lebenswelt- und Situationsbezogenheit der Themenbereiche unter einen allgemein- und fachdidaktischen Anspruch stellen, z. B. den Unterrichtsanspruch der Schüler als Anspruch an ein Bildungskonzept des Staates und der Gesellschaft sichern, die Beziehung zum Schüler und seine Lebensbedürfnisse herstellen, die Zielorientierung der SfGb in Richtung auf die Befähigung zu Arbeit, Freizeit, Wohnen im Auge haben, den Allgemeinbildungsanspruch unter Würdigung des Fachbezugs durchsetzen und im Bereich der anderen Fächer, die in der SfGb angeboten werden, eine Gleichstellung mit ihnen erfahren.

Sie soll einen Schwerpunkt für die Themen des Unterrichts im eigenen Fach Sachunterricht anbieten und einen Reflexionshorizont angeben für den Anspruch an das didaktisch-methodische Denken. Der Bezug zur Grundschule und ihren Sachunterricht kann dabei sehr hilfreich sein. Der nicht eindeutigen Bewertung des Sachunterrichts vonseiten der Schul- und Kultusbehörden steht der Anspruch der Familien und der Gesellschaft gegenüber, Abbildungen für eine immer komplexere Lebenswelt zu liefern, Transparenz für die Welt auf der Grundlage der Themenauswahl und ihrer Relevanz zu schaffen.

- Stellenwert im Fächerkanon der SfGb: In den allgemeinbildenden Schulen gilt allgemein eine Einteilung zwischen Haupt- und Nebenfächern. Ob es heute noch angebracht ist, diese fachbezogene Differenzierung vorzunehmen, ist zu diskutieren. Die Diskussion um den Religionsunterricht zeigt zumindest, dass die Wichtigkeit eines Fachs eher mit seinem gesellschaftlichen Auftrag und mit seiner späteren beruflichen Verwertung zu tun hat als mit einer kultusministeriell behaupteten Hierarchie der Schulfächer.

Von daher kann schon behauptet werden, dass der so umrissene Sachunterricht für die SfGb als Schwerpunktfach gelten muss, weil er sich unmittelbar von ihrem Auftrag herleitet, die Menschen mit geistiger Behinderung zu einem Leben und Mitgestalten in der Gesellschaft, zur Teilhabe an der Kultur der Gesellschaft zu befähigen, und zwar allgemein und auch fächerumgreifend. Mit seinem stufenbezogenen, lebensweltbezogenen Themenfundus gibt er eine Legitimierung vor, die auch von den Eltern erwartet wird, bietet er Konsequenz und Systematik an, die bislang in der SfGb in dieser Eindringlichkeit nicht vorgegeben war.

Die Zukunft wird erweisen, ob der Anspruch an den Sachunterricht vonseiten der Lehrer und Eltern der SfGb eingefordert wird, ob er den Lehrern tatsächlich eine Hilfe in der Strukturierung ihrer Themenfelder bietet und ob seine Schülerorientierung bezüglich ihrer Bedürfnisse für ein sinnvolles Leben in der Gegenwart und Zukunft tragfähig ist.

Dabei steht einmal der Wunsch im Vordergrund, eine verbindliche Aussage zum Themenangebot aus dem Bereich der alltäglichen Lebenswelt zu machen, zum anderen muss seine Wandelbarkeit eingeschlossen werden. Wer sich mit dem Themenfundus auf die alltägliche Lebenswelt in ihrer Strukturiertheit und ihrer Vermittelbarkeit für den Menschen überhaupt stützt, muss immer einschließen, dass sich ihre Veränderungen durch Innovationen – z. B. im Bereich der Technik – auf den Allgemeinbildungsanspruch der Schule (Schlüsselqualifikationen) niederschlagen, von ihr aufgenommen und didaktisch-fachdidaktisch verarbeitet werden müssen.

»Eine kritische Analyse bestehender und die Konzeption neuer Lehrpläne bedürfen einer bildungstheoretischen Fundierung. Lehrpläne für allgemeinbildende Schulen [und die SfGb ist eine allgemeinbildende Schule; d. V.] sind demnach so zu gestalten, dass die zur Auswahl kommenden Inhalte eine vielseitige Bildung des Individuums und damit auch dessen vielseitige Teilhabe am gesellschaftlichen Leben ermöglichen. Von einem solchen bildungstheoretischen Verständnis aus kann dann der Versuch unternommen werden, den Sinn eines Schulfaches im Fächerkanon zu bestimmen« (Plögel 1999, 265).

Diesen Versuch haben wir unternommen. Ob er geglückt ist, wird sich im praktischen Umgang mit diesem Fach Sachunterricht erweisen!

4 Die Sachbereiche des Gesamtcurriculums als Teilcurricula

Das Gesamtcurriculum stellt sich in der Gesamtschau wie folgt dar:

1. Sachbereich »Verkehr – Orientierung«	**5. Sachbereich** »Natur II – Tierwelt«	**9. Sachbereich** »Gesundheit – Krankheit – Tod«	**13. Sachbereich** »Spiele – Spielen – Freizeit«
2. Sachbereich »Medien«	**6. Sachbereich** »Natur III – Naturphänomene«	**10. Sachbereich** »Gemeinschafts-kunde – Politik«	**14. Sachbereich** »Technik«
3. Sachbereich »Einkauf – private Versorgung«	**7. Sachbereich** »Zeit – Zeitläufte – Zeitgeschichte«	**11. Sachbereich** »Religion – Glaube«	**15. Sachbereich** »Arbeit«
4. Sachbereich »Natur I – Pflanzenwelt«	**8. Sachbereich** »Öffentliche Versorgung«	**12. Sachbereich** »Liebe – Partner-schaft – Sexualität«	**16. Sachbereich** »Kunst – Kultur – Theater«

4.1 Sachbereich »Verkehr – Orientierung«

4.1.1 Struktur

Verkehrsunterricht in Verbindung mit einer Orientierungskunde stellt für die SfGb einen wichtigen Themen-/Sachbereich dar. Während es auf der Seite der Schüler darum geht, sie für den modernen Verkehr als aktive Verkehrsteilnehmer in der Rolle des Fußgängers, Benutzers von Bus und Bahn, Radfahrers und vielleicht Mopedfahrers fit zu machen und sie selbstbewusst und möglichst handlungsaktiv in diese komplexen Sachbereiche einzuführen, steht auf der didaktischen Seite das Bemühen, durch Wahrnehmungsübungen, durch das Lernen kognitiver und handlungsbezogener Strategien verkehrsadäquates Verhalten zur Darstellung zu bringen. Der behinderte Mensch, zumal z. B. der bewegungsbeeinträchtigte im Rollstuhl, ist besonderen Gefahren im Verkehr, durch Teilnahme am Verkehr ausgesetzt und bedarf hier besonderer erzieherisches Stützen, die ihm Angst vor dem Verkehr nehmen sollen, seine aktive Rolle stärken sollen und zugleich, soweit das notwendig ist, Hilfsmöglichkeiten unterbreiten sollen. Die Unterrichtung auf jeder Stufe, in jeder Klasse soll auch dazu dienen, ihm Orientierungsmöglichkeiten für seine Umwelt zu erschließen, so dass seine im hohen Maße selbstständige, möglichst auch eigenverantwortliche Teilnahme am Leben in der Alltagswelt bestärkt wird. Die soziale Verantwortung für die schwerer behinderten Mitmenschen bürdet auch ihm Verantwortung für schwerer behinderte Mitmenschen auf, mit der er in der Regel, wie er es im Unterricht gelernt hat, sehr verantwortungsvoll und situationsgemäß umzugehen weiß. Unter dem Gesichtspunkt selbstbestimmten Lebens verschafft ihm die kompetente Teilnahme am Verkehr ein hohes Maß an Mobilität und Freiheit, gleichzeitig nimmt die Gesellschaft ihn umso eher als gleichberechtigten Partner gern zur Kenntnis.

Orientierung in der Umwelt, aktive Teilnahme am Verkehr unterstreichen die besondere Aufgabe der SfGb im Bereich des kognitiven Lernens und stellen feste Verbindungen zu anderen Fachbereichen her, insbesondere zu dem Bereich der Kulturtechnik des Lesens. Die Orientierung besonders in der Heimatregion setzt didaktisch auf Selbstständigkeit, Kommunikation, Freiheit in der Wahrnehmung und Beanspruchung von Kultur und Freizeit und kann als integrationsfördernd angesehen werden. Der versierte Umgang mit automatisierten Verfahrensweisen, z. B. beim Erwerb von Fahrscheinen, bei der Benutzung öffentlicher Verkehrsmittel, setzt große Kompetenz in der Aufnahme und Verarbeitung/Umsetzung von Informationen voraus. Sinnvoll eingesetzte didaktische Reduktion in Verbindung mit teilschrittigem Vorgehen in der Praxis schafft eine gute Ausgangsbasis für die Inanspruchnahme dieser Techniken. Parallel dazu soll der behinderte Mensch in gleicher Weise lernen, durch Hilfstechniken fehlende Kompetenz zu kompensieren und, wenn nötig, Hilfe aus der Umwelt/Mitwelt für sich in Anspruch zu nehmen. Der Unterricht in diesen Bereichen setzt allerdings voraus, dass möglichst oft in echten Situationen der alltäglichen Lebenswelt gelernt wird und dass die Eltern/Erziehungsberechtigten partnerschaftlich in die Lernvorhaben der Klasse einbezogen werden.

4.1.2 Curriculum: Sachbereich »Verkehr – Orientierung«

Vor-/Unterstufe	Mittelstufe	Oberstufe	Werkstufe

Orientierung im Klassenraum/in Schulräumen aus unterschiedlichen Positionen und Perspektiven:
• vor mir – vorne
• hinter mir – hinten
• neben mir – neben
• rechts von mir – rechts von
• links von mir – links von
• über mir – oben
• unter mir – unten
• zwischen uns
	Orientierung in der Schule/im Schulgelände und außerhalb mit zunehmender Sicherheit durch:
	• geplante Unterrichtsgänge
	• Freizeit- und Spielangebote
	• Angebot von Botengängen
	• Verselbstständigung von Botengängen
	  • durch Bestärkung
	  • durch Motivierung
	• Vermeidung von Gefährdungen
		Verkehrssituationen mit unterschiedlichem Schweregrad aufsuchen:
		• Orientierung im Bereich Straße/Übergang
		• Orientierung im Bereich Kreuzung mit und ohne Ampelregelung, im Kreisverkehr
		• Orientierung nach Straßennamen und -nummern
		• Orientierung am und im Bahnhof durch Auskunftssysteme (Mensch, Fahrplan, Computer etc.)
			Gemeinsame Planung und Durchführung von Einkäufen, Besichtigungen, Ausflügen in die nähere und weitere Umgebung.
			Planungsmomente:
			• Motive/Absichten/Ziele klären
			• Mittel einplanen
			• Rollen verteilen
			Durchführungsmomente:
			• Aufgaben übernehmen
			• Absichten/Vorhaben ausführen
			• Erfolg beurteilen

Orientierung im Schulgebäude:
• Wegestrukturen
• Zielpunkte
• Ausgangspunkte
• Mittelpunkte
• Endpunkte
	Besorgungen vornehmen:
	• innerhalb der Einrichtung und im begrenzten Bereich
	• außerhalb der Einrichtung und für unterschiedliche Bedürfnisse
	• in differenzierender Weise für verschiedene Versorgungsstrukturen
		Verhalten in schwierigen Situationen üben:
		• im bekannten Bereich:
		  • z. B. bei Ampelausfall
		  • z. B. bei Verkehrschaos
		• im unbekannten Bereich:
		  • z. B. bei Dunkelheit
		  • z. B. bei Angstbefall
			Erwerb von Fahrberechtigungen für Bus und Bahn:
			• z. B. am Automaten mit unterschiedlichen Symbolen und Verfahren
			• z. B. im Internet

Orientierung im Schulgelände – Zentrierung auf Fixpunkte: • Positionen und Perspektiven von einem Standpunkt • und wechselnden Standpunkten aus bezeichnen	Erwerb sozialer Kompetenz: • Fußgängerrolle • Rollstuhlfahrerrolle • Schulbusmitfahrerrolle • Verkehrsteilnehmerrolle (Fahrgast) in anderen Bereichen:	Funktionen von Polizei, anderen öffentlichen Einrichtungen kennen lernen: • Hilfe anfordern • Auskunft einholen • Rat fragen • Anträge stellen • Erlaubnis einholen	Vor Beginn der Fahrt für die Berechtigung: • Fahrausweise erwerben und entwerten Innerhalb des Busses/der Bahn • Fahrausweise erwerben und entwerten

	• z. B. im Bus • z. B. in der Bahn • z. B. im Flugzeug • auf dem Schiff		• Strafgelder vermeiden
Wege vom Schulbus zur Klasse und umgekehrt verselbstständigen Ausblenden der Hilfen durch Lehrer, Bezugspersonen, Mitschüler		Fortsetzung und Erweiterung: Verkehrsschilder • wahrnehmen • lesen • unterscheiden • beachten • ausblenden	Inanspruchnahme von Hilfe in schwierigen Verkehrssituationen: • anlässlich eines Unfalls • anlässlich einer Verletzung • anlässlich einer Belästigung • anlässlich einer Verirrung
Regeln lernen für Verhaltensweisen bei/in: • Ampelverkehr • Fußgängerüberweg (Zebrastreifen) • ungesicherten Straßen- und Bahnübergängen • ungesicherten Verkehrssituationen	Regeln festigen für Verhaltensweisen bei: • Ampelverkehr • Fußgängerüberweg • ungesicherten Übergängen • unsicheren Verkehrssituationen • Bahnübergängen • Brücken • Tunneln	Regelwissen ausdehnen auf die Bereiche: • Zentrum/City • Fußgängerzone • Busbahnhof • Bahnhof (Eisenbahn) • U-Bahn-Station • Flughafen • Groß-Einkaufszentrum • Sport- und Freizeitzentrum	Regelwissen aus unterschiedlicher Perspektive anwenden: • als Fußgänger • als Radfahrer • als Mofafahrer • als Polizist

Einbezug der Eltern/des Wohnortes:
• Orientierung und Wegesicherung bei Abfahrt und Ankunft des Schulbusses
• Informationsaustausch über das Verhalten im Schulbus
• Beachtung der Einhaltung der Sicherheitsbestimmungen innerhalb und außerhalb des Schulbusses
	Straßentypen kennen lernen:
	• im Ort:
	  • Spielstraße – verkehrsberuhigte Zonen
	  • Verkehrsstraßen unterschiedlicher Ordnung
	  • Einbahnstraße
	  • Wendehammer
	  • Fußgängerwege
	  • Radwege
	• außer Ort:
	  • Bundesstraßen
	  • Landstraßen
	  • Autobahnen
	  • Wasserstraßen
		Selbstbestimmt lernen:
		• Einkauf
		• Spazierengehen
		• Rollenfunktionen als Bus- und Bahnfahrer
		• Radfahrer
			Ausweitung der Kenntnisse von Verkehrs- und Hinweisschildern, soweit sie in der Rollenausübung wichtig sind:
			• als Fußgänger
			• als Fahrradfahrer
			• als Mofafahrer
			• als Fremder
			• als Behinderter

Orientierung im weiteren Gelände/in der Umgebung der Schule: • Zentralpunkt ist die Schule • Zentralpunkt ist ein Mittelpunkt im Ort • Perspektivwechsel von einem Standort aus üben • Standortwechsel und Orientierung zum Zentralort üben • Perspektivwechsel als Spiel verbalisieren	Verhaltensweisen automatisieren durch: • Wahrnehmen • Kennenlernen (Shaping) • Benennen/Versprachlichen • Nachmachen/Wiederholen • Einsetzen • Ändern • Erweitern ...im entsprechenden Situationskontext konkret und abstrakt	Soziale Kompetenz erweitern: • Verantwortung übernehmen für schwächere Schüler und Schüler im Rollstuhl • Gesprächsführung zur Inanspruchnahme von Hilfe üben • Strategien lernen zur Abwehr von Zudringlichkeiten, Streit • Vermeidungsstrategien lernen • Distanzwahren lernen	Erwerb des Mofaführerscheins (stufenbezogenes Kursangebot in einer Kleingruppe als Angebot der Werkstufe) • Theorieangebote • Praxisangebote • Prüfung Inanspruchnahme der Fahrberechtigung
Besorgungsgänge erledigen: • mit Partner(n) • allein mit Hilfestellung • allein ohne Hilfestellung	Fahrradfahren: • im Schonraum (z. B. auf dem Schulgelände, zu Hause) • außerhalb mit begrenztem Risiko • mit zunehmendem Risiko und zunehmender Sicherheit	Räumliche Orientierung üben: • Abschätzen von Wegstrecke und Verlaufszeit • Richtungen einhalten • Abkürzungen suchen • Rat einholen • Umwege suchen oder vermeiden	Gemeinsame Fahrradtouren im größeren Radius planen, durchführen und nachbesprechen
Wahrnehmen von Markierungen für: • Straße/Begrenzung/Fußgängerweg • Fußgängerüberweg (Zebrastreifen) • Radfahrweg • Spielstraße	Verkehrsschilder nach Häufigkeit/Wichtigkeit und Symbolverständnis (Lesen) kennen und in der Praxis beachten lernen: • als Fußgänger • als Radfahrer • als Rollstuhlfahrer	Räumliche Orientierung in schwierigen Verkehrssituationen anlässlich von Unterrichtsgängen/-fahrten auf unbekannten • Verkehrsplätzen üben und • Sicherheit erwerben	Vorbereiten des Schullandheimaufenthaltes unter verkehrstechnischem Gesichtspunkt: • Bestimmung von Vorbereitungsgruppen • Planung der Fahrten • Erwerb der Fahrscheine
Wahrnehmungsübungen durchführen und Verhaltensmuster einüben: • im Schulgelände • auf der Straße	Einschätzen lernen von Geschwindigkeiten bei unterschiedlichen Fahrzeugen (im Gegensatz von langsam und schnell):	Planspiele vorbereiten für den Erwerb von Fahrberechtigungen: • bei Busfahrten • bei Straßenbahnfahrten	Gefahrenvermeidungspotential erweitern: • Verstärkung von Sicherheit • Reduktion von Angst

• für verschiedene Straßentypen • auf (Spiel-)Plätzen • auf Kreuzungen	• z. B. beim Fahrrad • z. B. beim Auto • z. B. beim Bus • z. B. beim Lastwagen • z. B. beim Moped • z. B. beim Motorrad	• bei Bahnfahrten • bei U-Bahnfahrten • bei Taxifahrten • bei Sammeltaxifahrten	• Üben des Verhaltenspotentials • Sicherheit in der Gruppe/mit Partnern
Differenzieren im Straßenverkehr zwischen: • Fußgänger • Fahrzeug (PKW/LKW/Bus) • Mofas/Roller • Motorräder • Fahrräder • Straßenbahn	Strategien für Gefahrenvermeidungsverhalten in Spiel- und Ernstsituationen: • Partner mitnehmen • Verkehrsteilnehmer ansprechen • Risiko abschätzen • Polizei einbeziehen • Telefon benutzen	Fahrradführerschein erwerben: • mein Fahrrad – Bezeichnungen und Aufbau – Service • sicheres Benutzen des Fahrrads im bekannten Bereich • Fahren im kontrollierten Bereich • Regeln einhalten	Einschränkungen für behinderte Menschen kennen lernen: • beim Überqueren einer Straße mit dem Rollstuhl • bei der Benutzung von Aufzügen und Rolltreppen • bei der Benutzung von öffentlichen Verkehrsmitteln
Infos: • zum täglichen Schulweg: Verhaltensweisen als Fußgänger • zur Schulfahrt im Bus: Verhaltensweisen als Fahrgast im Bus kennen lernen und einüben	Orientierung lernen: • auf der Straße • im Gelände • im Wald • im Stadtteil • im Zentrum durch Inanspruchnahme von Hilfe: • durch Personen • durch Telefon/Handy • durch Karten • durch »Spurenlesen«	Karten lesen lernen: • Himmelsrichtungen lernen • Übertragung und Orientierung auf der Karte • Symbole lernen für Straßen, Bahn, Gelände, Gewässer, Orte unterschiedlicher Größe • Entfernungen abschätzen (Maßstab, cm/m/km) • Unterschiedliche Kartensysteme kennen lernen	Ökologische Kriterien kennen lernen: • Vergeudung von Ressourcen • Verplanung von Landschaften durch Planung von Verkehrswegen • Luft- und Bodenverschmutzung (Waldsterben, Smog etc.) • schonender Umgang • eigene Verantwortung • beispielhaftes Verhalten
Wahrnehmungsübungen (unter Benutzung von Spielen, Bilderbüchern, Fotos, anderen Medien) für: • Farben (gelb, rot, grün) • Formen (Kreis, Dreieck)	Heimat – Wohnort (Regionalbereich) kennen lernen: • Wohnort • Schulort • nahes Einkaufszentrum • Kirchengemeinden • Kultur- und Sportzentren	Bahnhof, Flughafen besichtigen und entsprechende Rollentypik lernen: • Informationen einholen (Ziel) übers Reisebüro/Internet • Fahr-/Flugberechtigungen erwerben – Fahrschein erwerben	Zukunftsvisionen für Fortbewegung durch zukünftige Verkehrsmittel: • das schnellste Schienensystem • Luft- und Raumfahrt • das Superfahrrad • das Auto der Zukunft

• Richtungen (vorwärts, rückwärts, seitwärts etc.) • Fokussierungen auf einen Standpunkt	• Freizeitzentren • Verkehrszentren • Spielplätze • bekannte Einrichtungen • und Besonderheiten	• Kennmarken für den Ablauf der Strecke auf dem Fahrplan erkennen • Zielorte aufsuchen • Automaten bedienen • Hilfen über Informationssysteme in Anspruch nehmen	• das Verkehrsmittel der Zukunft • Verbundnetze zur schnelleren Beförderung • Untertunnelungen/Überbrückungen

4.2 Sachbereich: »Medien«

4.2.1 Struktur

Die SfGb hat in einer Mediengesellschaft einen besonderen Bildungsauftrag:

- Sie soll die Schüler alters- und vernunft-/einsichtsgemäß in den Konsum von Medien einführen.
- Sie soll die Schüler alters-, einsichtsgemäß und handlungsbezogen an die Benutzung der Medien heranführen.
- Sie soll die unterschiedlichen Erlebnis- und Handlungsebenen erarbeiten.
- Sie soll selbst Audio-/Videoprodukte erstellen, um Schülern als Akteuren Einblick in Technik und Themengestaltung zu verschaffen.
- Sie soll zusammen mit den Eltern auf Gefahren aufmerksam machen und solche vermeiden helfen.
- Sie soll den Schülern auf jeder Altersstufe Verständnishilfen anbieten.
- Sie soll die den Schülern eigenen Gestaltungskräfte nutzen, um ihnen für ihren selbstbestimmten Freizeitbereich Gestaltungsraum zu ermöglichen.
- Sie soll den Schülern alle Medien als Gebrauchsmedien erschließen.
- Sie soll ihnen den Stellenwert anderer und höherwertiger Angebote für Freizeit eröffnen, um Wahlmöglichkeiten zu schaffen.

Die Schule soll in Zusammenarbeit mit den Eltern Strategien entwickeln (Freizeiterziehung, Gemeinschaftserlebnisse etc.), um eine bloße Konsumhaltung zu vermeiden und entsprechende Gefahren für Gesundheit und eine sittlich verantwortbare Lebensführung zu verdeutlichen. Aus den Perspektiven von Einflussnahme und Beeinflussung finden in den

Medien Bevormundungen/Fremdbestimmungen statt, die möglichst einschätzbar sein und Selbstbestimmung stärken sollten. Der Lernort Schule muss in die Einübung im Umgang mit Medien den Lernort Familie/Wohnheim partnerschaftlich und mit- und selbstverantwortlich einbeziehen.

Schule stellt selbst anlässlich von Unterrichtsvorhaben und Freizeitgestaltung einen hervorragenden Lernort dar, der den Schülern alters- und entwicklungsgemäß sinnvolles Verhalten gegenüber den Medien aufzeigt und eigenverantwortliches Handeln in den Vordergrund stellt. Die mitunter auftretenden Widersprüche zwischen dem familien- oder wohnheimbezogenen Medienkonsum, wo sie sich oft nur als passive Teilnehmer wiederfinden, und dem sinnvollen Umgang mit Medien in der Funktion des Gestaltens und Mitgestaltens sollten pädagogisch sinnvoll aufgearbeitet werden.

4.2.2 Curriculum: Sachbereich »Medien«

Vor-/Unterstufe	Mittelstufe	Oberstufe	Werkstufe

Schüler erzählen am Montag von ihren Erlebnissen in der Familie/im Wohnheim:
• Was ich erlebt habe
• Was ich gesehen habe
• Was ich gehört habe
• Was ich nicht verstanden habe
• Was ich toll fand
	Schüler erzählen am Montag von ihren Erlebnissen in der Familie/im Wohnheim:
	• Was ich gesehen habe
	• Was ich gehört habe
	• Was ich erlebt habe
	• Was ich nicht verstanden habe
	• Was man mir erklären sollte
		Vorauswahl in der Benutzung von Medien:
		• durch Vorauswahl aus Programmzeitschriften
		• durch Informationen aus der Tageszeitung
		• durch Hinweise von anderen Beteiligten
		• durch gemeinsame Planung
			Tageszeitung »lesen«:
			• Grundstruktur erarbeiten:
			  • Bild- und Textaufteilung
			  • Themenstruktur erarbeiten
			  • Information und Werbung unterscheiden
			• Geschehen des Vortags in Wort und Bild sich als Themenstellung für die Woche, für einen bestimmten Wochentag vornehmen
			• Rubriken für bestimmte Themenbereiche aus der Tageszeitung aussuchen

Eine fortlaufende Kinderserie wird aufgezeichnet und im Unterricht wieder in Abschnitten besprochen: Beispiele: • Löwenzahn • Philipps Tierstunde • Tigerenten-Club • Teletubbies • Flippers neue Abenteuer • Siebenstein	Wir gestalten Szenen: • z. B. aus dem Spielalltag • z. B. eines Ausflugs • z. B. eines Ereignisses in der Klasse und nehmen sie auf. Wir planen einen Video-Clip für die Eltern mit Szenen aus dem Schulleben. Wir stellen Infos (Text/Bild) aus dem Klassenleben zusammen und verteilen sie an die Eltern	Gestaltung einer Schülerzeitung mit Redaktionsstab zu festgelegten Geschehensabfolgen: • z. B. als Tageszeitung • oder als Wochen-/Monatszeitung • z. B. aus besonderen Anlässen: • Schulentlassung • Schulfest • Schulfahrt • z. B. zu besonderen Zwecken: • zur Information d. Öffentlichkeit • zu Werbezwecken/bestimmte Vorhaben	Programmauswahl: • »Ich stelle mir meine TV-Themen aus der Programmzeitschrift zusammen.« • »Ich surfe durch die Fernsehprogramme.« • »Meine Interessen und wo ich sie wiederfinde!« • bei bestimmten Sendern • in bestimmten Sendungen
Die Ebenen Realwelt – Bilder – Fotos werden im Unterricht an Hand miterlebter Situationen erarbeitet und dargestellt	Abstrakte Darstellung von Realität: • im Bild/Foto • im Fernsehen • im Videoclip • im Hörspiel • in einer Fotogeschichte	Textproduktion in Wort und Bild: »Was mich bewegt!« • Selbstdarstellung von Themen bezüglich Selbstkonzept/Identität/Peer group	Diskussion von gemeinsam gesehenen Sendungen: • Jugendkultur in den Medien als Teil • meines Alltags • meiner Lebenswelt
Versprachlichen miterlebter Sachverhalte und deren Einordnung in kindgemäß erlebbare Sachverhalte	Erarbeitung von Erzählsträngen aus Alltagsgeschichten und deren Weiterentwicklung in der Klasse (Fortsetzungsgeschichten)	Forts.: Musikvergnügen durch CD/Computer/DVD: • Auswahl • Kauf • Benutzung	Besuch eines Kinos/Kinocenters: • mit Auswahl • mit Vorbesprechung • mit Nachbesprechung eines Films
Kennenlernen von Medien: • Bilder/Bildbände • Fotos • Comics • Dias • Audio/Video/Medien • Computer/Internet	Was ist sehenswert: Eltern und Lehrer legen gemeinsam einen Wochenplan fürs TV fest, der bestimmten Kriterien genügt: • bezüglich Gewalt • bezüglich Verstehbarkeit • bezüglich Kinderstatus • bezüglich Interessen	Besuch bei einem Medienproduzenten: • Redaktion der Tageszeitung/Kirchenzeitung • Audio-/Video-Studio	Ich surfe im Internet: • Know-how – Benutzung • Teilnahme • Auswahl und Wege • Finanzierung • Begrenzungen • Bestimmungen • Zeitökonomie • Freizeitgestaltung

Anbieten von Verständnishilfen für das Verstehen von Rollenklischees in den Medien (speziell: TV-Video): • z. B. für die Werbung • z. B. für Kindersendungen • z. B. für Serien	Musikvergnügen durch CD: • Auswahl • Geldwert • Kauf • Benutzung • Ausleihen • Inventarisieren • Sortieren • Aussortieren	Identifikation mit Personen im Fernsehen: • Ideal und Wirklichkeit (virtuelle Welten) werden gemäß erarbeiteten Kriterien unterschieden: • wirklich – nicht wirklich • beispielhaft – beispiellos • nachvollziehbar – nicht nachvollziehbar • aufmunternd – ängstigend/abstoßend	Besuch einer Zuschauersendung als Projekt der Klasse: • Vorbereitung/Korrespondenz • Durchführung • Nachbereitung
Gefährdungen vermeiden: • Erarbeitung eines Kriterienkatalogs zusammen mit den Eltern • Hilfen für die Beachtung der Kriterien • Reflexion über den Erfolg	Benutzung lernen für: • Kassettenrekorder • CD-Gerät • TV-/Video-Gerät • Radioteil im Kompaktgerät • Computer(spiele) • Medienbox	Praktischer Umgang und kritische Auseinandersetzung: • Ich kaufe mir eine Zeitung/Zeitschrift /Illustrierte • Ich kaufe mir ein Video	Austausch von: • CD's • Kassetten • Schallplatten • Büchern • Zeitschriften • in der Freizeit • auf der Ebene der Klasse/Stufe/ Schule
		Kennenlernen von Printmedien: • Illustrierte • Fachzeitschrift (Interesse an...) • Werbung	Videoshop: • Schüler als Käufer • Schüler als Ausleiher • Schüler als Kunde einer bestimmten Altersklasse

4.3 Sachbereich: »Einkauf – private Versorgung«

4.3.1 Struktur

Der Bereich »Einkauf – private Versorgung« stellt von der Vor-/Unterstufe an einen wesentlichen Bestandteil des Unterrichts dar.

Er ist auch in die Lebensbereiche von Schule und Unterricht integrativ einbezogen und bietet vielfältige Lernanlässe. Seine Komplexität wird in den aufeinander bezogenen Stufen und Altersphasen allmählich über die reine Besorgung hinaus bis in die Werkstufe hinein differenziert entfaltet, so dass die Bereiche »Bedürfnis – Einkauf – Nachsorge« mit den zunehmenden kognitiven und sozial-emotionalen Möglicheiten der Schüler gezielt ausgeweitet und in Handlungsstrategien umgesetzt werden. Die starke Verflechtung mit dem Bereich »Verkehr – Orientierung« bietet Möglichkeiten der Verselbstständigung der Schüler und trägt zum Aufbau eines Selbstkonzepts zur Inanspruchnahme von Freiheit, zur Berücksichtigung des Alters und zur Rücksichtnahme auf andere bei. Beratung und Begleitung sind hier erzieherisch besonders wichtig. Die reine Konsumhaltung sollte in einen bewussteren und sinnvolleren Umgang mit Geld, Werten, ökologischen und ökonomischen Gesichtspunkten überführt werden, wobei auch Gesichtspunkte wie Sparsamkeit, Genügsamkeit, Eigennützigkeit, Fremdnützigkeit, Gemeinnützigkeit und persönliche Zufriedenheit eine große Rolle spielen. Die Gefährdungen durch Übervorteilung, Eigentumsproblematik und Konsumverführung sollten auch in Absprache mit den Eltern/Erziehungsberechtigten behandelt werden. Die Kompetenzerwerbungen im Bereich Lesen und Rechnen sollten auf die individuellen Möglichkeiten der Schüler und ihre Nutzung bezogen sein und dem Schüler praktische Hilfen in der Auseinandersetzung mit diesem komplexen Sachverhalt (Objekt/Anzahl/ Gewicht/Größe/Auszeichnung/Preisabschätzung/Bezahlung) bieten. Die Sprachkompetenz in den unterschiedlichen Rollenzuweisungen und mit den entsprechenden Kommunikationsstrukturen sollte durch Rollenspiel und Lernen in Spiel- und Ernstsituationen gefestigt werden.

Da Selbstständigkeit, Selbstbestimmung (selbstbestimmt Leben und Lernen) und Inanspruchnahme von Freiheit hier besonders herausgefordert sind, ist der didaktische Anspruch hier besonders hoch.

4.3.2 Curriculum: Sachbereich »Einkauf – private Versorgung«

Vor-/Unterstufe	Mittelstufe	Oberstufe	Werkstufe
Hol- und Bringgänge im Nahraum der Klasse (Ämterplan) mit Hilfestellung des Lehrers	Einzelaufträge selbstständig erledigen – Definieren von Selbstständigkeit für den einzelnen Schüler im Hinblick auf seine Lernmöglichkeiten	Einzelaufträge erledigen: • Kompetenzzuwachs im Sinne größerer Selbstständigkgeit • Entscheidungen treffen • Auswahl vornehmen	Einzelaufträge erledigen • am Beispiel Einkaufszentrum • am Beispiel Aldi, Lidl u.a.m.

		• Kosten/Nutzen abschätzen	
Kleinere Aufträge und deren Erledigung im Rahmen der Versorgung der Klasse	Verkehrsregeln, deren Beachtung auf dem Weg zum Einkauf wichtig ist, lernen	Verkehrsregeln beachten und Zuwege organisieren (räumliche Orientierung)	Verkehrsregeln beachten und Zuwege organisieren
Einkaufsgänge mit Hilfe und einzeln, z. B. zur Frühstückssituation oder anlässlich von Festen und Feiern	Wege zu Geschäften und dabei Geschäftstypen (Nahrung, Haushalt, Kleidung, Schuhwerk) kennen lernen	Diversifikation der Wünsche, Waren und Geschäfte vornehmen: • vor Ort • schematisch auf der Tafel/am Computer • im Internet	Fortführung siehe Oberstufe • Warenwerte/Geldwerte • Finanzierung durch Eigenmittel
Mitnahme beim Einkauf in Geschäften am Ort • in Gruppen oder einzeln • mit abnehmender Hilfestellung • mit Partnerunterstützung Grobe Differenzierung der Bereiche Nahrung – Kleidung – Haushalt Grobe Orientierung innerhalb der Geschäfte, z. B. als Stationsverfahren im Supermarkt oder anderen Großmärkten oder auf dem Markt	Vorstrukturierung eines Einkaufs: • Bedürfnisfeststellung/Bedarf • Stückzahl oder Mengenpräzisierung • Geldwertigkeit • räumliche und zeitliche Orientierung • Organisation als Planungselement im Sinne des Handelns • spezielle Hilfestellungen	Orientierung am Modell: • Verbrauchswaren (z. B. Nahrungsmittel) • Kleidung • Schuhe • Möbel • Gebrauchsgegenstände für persönlichen Bedarf (Schule/Freizeit) und deren Zuordnung zu Geschäften und Einkaufsmöglichkeiten	Orientierung am Modell: An Beispielen wie Prospekt, Katalog, Interneteinkauf Vorgang automatisieren: • Bedürfnis/Bedarf/Wunsch ermitteln • Geldbeschaffung organisieren • Warenbeschaffung organisieren • Reklamationen vornehmen • Hilfe in Anspruch nehmen • Vorgang wiederholen
Schematisch und strukturell angelegt: • Wünsche äußern • Wunschliste festlegen • Aufträge erledigen • Erfolg der Aufträge bestätigen	Eigentumsbegriff festigen: Mein-Dein: • Fremdeigentum achten lernen • Besitz unterscheiden können • Besitz beschreiben können • Wünsche artikulieren können • auf Wünsche verzichten können	Eigentumsbegriff festigen: • Fremdeigentum unterscheiden und zuordnen können • Erwerb und Besitz von Eigentum dokumentieren können • Fremdeigentum achten können	Eigentumsbegriff festigen: • Besitzansprüche geltend machen können vor anderen Menschen • Zuweisungen von Eigentum vornehmen können • Eigentum abgeben können

Umgang mit vorgezähltem Geld bei kleineren Aufträgen: • Geldwert feststellen • Sachwert/Geldwert kennen lernen für übliche Größen/ Mengen/Portionen	Wünsche benennen und deren Verwirklichung aufschieben können	Vermeidung von Diebstahl durch Hinweis auf fremdes Eigentum	Vermeidung von Diebstahl und Bestrafung: • Ethische Kriterien kennen lernen wie Wahrheit, Ehrlichkeit, Vertrauen, Gemeinwohl, Eigenwohl
Orientierung im Ort mit den Schwerpunkten: • Straßen – Häuser – Wohnungen – Geschäfte – Einrichtungen der Gemeinde	Absprache mit den Eltern treffen bezüglich des Kompetenzniveaus in Sachen Einkauf und dessen Inanspruchnahme durch sie	Hinweis auf Gefährdung durch Diebstahl und Betrug: Sicherheitsvorkehrungen treffen vor Diebstahl und Betrug	Kennenlernen der Opfer-Täter-Perspektive: • Erleiden von... • Schützen vor... • Vermeiden von...

Anleitung I:
• Wahrnehmung und Orientierung in Geschäften (Sortiment und räumliche Platzierung), an Geschäftszeiten und Geschäftstypen orientiert
	Anleitung II:
	• Planung
	• Durchführung
	• Kontrolle/Reflexion
		Anleitung III:
		• Selbstständigkeit in
		  • Planung
		  • Durchführung
		  • Kontrolle
			Anleitung IV:
			• Rollenkompetenz erwerben als Käufer
			• Rollen Käufer – Verkäufer als Klischee festigen
			• Preisvergleich bezüglich Menge/ Produkt/Marke üben

Anleitung zum Einkauf mit Begleitzettel, mit Fotos und Bildmaterial (vgl. Textproduktion): • Wunsch • Erwartung • Anforderung auf konkret-realer bildlich-symbolischer sprachlicher (Schrift/Sprache) Ebene	Erweiterung der sozialen und sprachlichen Kompetenz: • sozial: Rollentypik als Käufer und Verkäufer im Rollenspiel • sprachlich: typische Kommunikationsmerkmale für ein Verkaufsgespräch	Konzepte für Größen – Mengen – Gewichte – Preise: • Typische Packungsgewichte • Typische Packungsgrößen • Typische Mengenangaben • Typische Richtwerte kennen lernen	Kritische Käuferrolle kennen lernen aus ökonomischer/ ökologischer/juristischer Perspektive für: • Produktherstellung • Produktverwertung • Abfallnutzung • Wiederverwertung • Verzicht
Einüben von sozialer und sprachlicher Kompetenz im Unterricht im Rahmen von Besorgungen/ Versorgungen	Erweiterung der Begriffe/Wörter in Sachen Einkauf • Wörter/Begriff nach Einkaufssparten lesen und lernen	Zeitstrukturen kennen lernen für: • Tageszeiten • Verkaufszeiten • Ladenschlusszeiten • Spezielle Öffnungszeiten	Selbstkonzept festigen und Hilfe-in-Anspruch-nehmen lernen: • Strategie festlegen für Selbst-Einkäufe

	• Wunschlisten zusammenstellen • Einkaufslisten fertigen		• Artikulation eigener Wünsche und Vorstellungen im Dialog mit dem Verkaufspersonal • sich nicht in die Rolle des Hilfsbedürftigen drängen lassen • Hilfsangebote selbst einfordern
Möglichkeiten für zunehmende Selbstständigkeit/für selbstständiges Lernen im Bereich Einkauf – Besorgung bieten	Verkaufskataloge (Otto/Quelle/Neckermann/Spezialkataloge): • Wie orientiere ich mich darin? (Sachbereiche) • Was interessiert mich?	Geschmack/Präferenzen verselbstständigen • Wünsche/Vorstellungen äußern • Verkaufsgespräch führen	Ambiguitätstoleranz üben in Sachen Wunsch und Wirklichkeit/Möglichkeit

4.4 Sachbereich »Natur I – Pflanzenwelt«

4.4.1 Struktur

»Natur« als Inbegriff für selbstständiges Wachsen, Reifen und Vergehen, hier von Pflanzen, stellt für den Menschen an sich als Komplementärbegriff zur Kultur etwas Ursprüngliches, schon vor dem Erscheinen des Menschen Vorhandenes und Selbstverständliches dar.

Natur steht in der Regel für Prozesse, die sich selbstständig, ohne Eingriff des Menschen, regulieren können. Kultur bezieht diese Prozesse – als in der Verantwortung des Menschen stehend – in die Gestaltung des Lebens auf der Erde mit ein und verändert sie.

»Natur« steht heute unter einem ökologischen Vorbehalt. Der Eingriff des Menschen in die Natur wurde bislang immer als Kampf des Menschen gegen sie legitimiert (Urbarmachen von Landschaften, Vernichten von Urwäldern, Landgewinnung aus dem Meer etc.), obwohl es sich doch um ein auf Zukunft bedachtes Miteinander handelt, an dem der Mensch »nur« teil hat und das für seine Zukunft lebensnotwendig ist.

Unter dem Stichwort »Natur« tut sich für den Bildungs- und Unterrichtsauftrag der SfGb einiges auf, das mit unserer Lebenswelt/Umwelt sehr viel zu tun hat. Schüler erfahren – in sich ausweitenden Lernbereichen – »Natur« in der Berührung mit der Heimat, mit Landschaften, Tieren und Pflanzen. Da es schon dem erwachsenen Menschen schwer fällt, Natur von Kultur zu unterscheiden, sollte der Ausdruck »Natur« dem vorbehalten bleiben, was mit Erfahrungen mit Pflanzen und Tieren, was mit Umgang des Menschen außerhalb seines Wohn-/Verkehrs- und Schaffensbereichs zu tun hat, d. i. Natur als Landschaft (Park, Wald, Feld, Wiese etc.).

Die Schüler sollen demnach über diese Lebensprozesse um sie herum (Flora) mit wachsenden Anteilen und wachsendem Verständnis für ihre Lebensprozesse informiert werden und selbst an den Gestaltungsprozessen innerhalb der Schule (Schulgarten, Schulgelände) und außerhalb durch handelnden Umgang Anteil nehmen.

Es sollte erreicht werden, dass die Schüler mit Staunen, Bewunderung und Achtung diesen Prozessen des Wachsens, Reifens und Vergehens gegenüberstehen und Natur in der Verfügung des Menschen (Kultivieren) als etwas Erhaltenswertes und Wertvolles begreifen lernen.

4.4.2 Curriculum: Sachbereich »Natur I – Pflanzenwelt«

Vor-/Unterstufe	Mittelstufe	Oberstufe	Werkstufe

Jahreszeitliche Schwerpunkte kennen lernen:
• Frühjahr:
  • Säen
  • Pflanzen/Bestellen
  • Blühen
• Sommer:
  • Kultivieren
  • Wachsen/Reifen
• Herbst:
  • Ernten/Verwerten
• Winter:
  • Winterbrache
	Kennenlernen und Benennen von Pflanzen in der Umgebung:
	• Blumen
	• Gräser
	• Sträucher
	• Bäume
	• Zierpflanzen
	• Nutzpflanzen
	• Kletterpflanzen
	• Schlingpflanzen
		Typische Merkmale zum Bestimmen einer Pflanze:
		• Ganzheit: Begriff – Bild – Symbol
		• Detailerfassung:
		  • Blatt
		  • Blüte
		  • Stamm
		  • Stängel
		  • Strauch
		  • Wurzelwerk
		  • Blüte und Frucht
			Schulgarten mit typischen Aufgabenstellungen im Bereich der Arbeitslehre:
			• Anlegen und Pflegen von Kulturen im jahreszeitlichen Rhythmus:
			• Rasen schneiden
			• Hecken schneiden
			• Beete anlegen, bestellen
			• Obst ernten und verarbeiten
			• Saft herstellen

Pflanzen umgeben mich: • im Haus • in der näheren Umgebung/Natur • in der Schule • im Klassenzimmer	Typische Merkmale: • von Blumen • von Bäumen • von Sträuchern • von Gräsern • von Pilzen • von »Unkräutern«	Typische Merkmale/ Erscheinungsweisen von Lebensgemeinschaften: • Wald • Wiese • Gewässer • Gartenanlagen	Typische Pflanzen kennen lernen: • Blumen: Rose, Narzisse, Stiefmütterchen etc. • Bäume mit Blättern: Buche, Birke, Eiche etc.

Ich nehme sie wahr und kann sie benennen		• Gebirge • Heide • Moor	• Bäume mit Nadeln: Fichte, Tanne, Lärche, Zypresse, Pinie etc. • Sträucher: ...

Typische Veränderungen in der Natur im Frühjahr, Sommer, Herbst und Winter wahrnehmen und kennen lernen:
• im Frühling: Knospe – Blüte – Blatt an Bäumen und Sträuchern
• im Sommer: Wachstum von Natur- und Kulturpflanzen
• im Herbst: Ernte von Früchten an Bäumen, Sträuchern, im Garten
• Abfall der Blätter
• im Winter: Ruhen der Natur, Schutz vor Nässe und Kälte
	Praktischer Umgang mit Pflanzen im Schulgarten:
	• Anleitung zum Bestellen eines Beetes
	• Anleitung zur Pflege eines Beetes
	• Anleitung zur Nutzung eines Beetes
	• Anleitung zur Stilllegung eines Beetes
	• Schwerpunktbildung für die Wachstumsperioden gemäß den Jahreszeiten:
	  • Frühling (Blatt-, Blütenbildung, Fruchtansatz)
	  • Sommer (Kultivierung, Reifen etc.)
	  • Herbst (Ernten der Früchte, Laubabfall etc.)
	  • Winter (Ruhephase, Knospenbildung etc.)
	• Anleitung zum Schutz vor Schädlingen und Krankheiten
		Praktischer Umgang mit Pflanzen im Schulgarten:
		• Jahreszeitliche Versorgung eines Beetes in der Darstellung auf unterschiedlichen Ebenen (d. i. bildlich, zeichenhaft, schematisch)
		• Treibhausarbeiten im Vor-Frühling, Frühling, im Winter
		• Anlage und Pflege eines Bauerngartens
		• Besorgen von Futterpflanzen für die Tiere im Tierhaus (Kaninchen, Hühner, Enten etc.)
		• Beschneiden von Bäumen und Sträuchern
		• Säuberung der Gartenwege
		• Rasenpflege
			Jahreszeitliche Schwerpunkte für Pflanzen und ihre haushaltliche Verwendung:
			• Obst gemäß den Jahreszeiten: z. B. Erdbeeren, Kirschen, Äpfel, Birnen, Pflaumen etc.
			• Gemüse gemäß der Jahreszeit: z. B. Salate, Radieschen, Kartoffeln, Kohlsorten
			• Blumen gemäß der Jahreszeit: z. B. Tulpen, Rosen, Narzissen, Astern, Stiefmütterchen etc.
			• Andere Früchte gemäß der Jahreszeit, z. B. Nüsse etc.
			  • Früchte aus anderen Klima-/Vegetationszonen der Erde: z. B. Melonen, Zitronen, Oliven, Orangen, Datteln, Feigen, Kiwis, Bananen

Umgang mit Pflanzen, eingebunden in Alltagssituationen der Klasse: • z. B. Versorgen von Zimmerpflanzen in der Klasse • z. B. Blumen schenken zum Geburtstag, Feiertag	Zuordnung von Pflanze und Frucht im heimischen Umfeld: • Strauch – Beere: • Busch – Hülsenfrucht: • Baum – Obst: • Baum – Schalenfrucht:	Entwicklung/Wachstum/Vermehrung von Pflanzen: • Vegetationsstufen an typischen Beispielen auf unterschiedlichen Abstraktionsebenen: • z. B. in der Natur	Zuordnung von Pflanze und Frucht überregional: • Zitrusfrüchte (Orange/Zitrone/Pampelmuse) • Banane • Kakaobohne • Kaffeebohne • Nüsse

• z. B. Adventskranz gestalten
• z. B. Baum schmücken zu Weihnachten, Osterschmuck
• z. B. Beobachten der Pflanzen in der Schulumgebung, im Schulgarten
• z. B. Pflegen von Pflanzen in der näheren Umgebung
• Nutzen von Pflanzen in der Nahrungszubereitung
	• Pflanze – Knollenfrucht:
	• Pflanze – Getreide/Korn:
	  • Weizen
	  • Gerste
	  • Roggen
	• Pflanze – Kapsel – Öl:
	  • Raps
	  • Mohn
		• z. B. auf dem Foto (eine Fotoreihe wird erstellt)
		• z. B. als Zeichnung
		• z. B. als Symbol
		• z. B. als Film/Video
		• Vermehrungsformen an typischen Beispielen:
		  • Blüte – Frucht
		  • Vegetative Vermehrung
		• Sporenvermehrung
			• Kiwi
			• Paprika
			• Melone
			• Kokosfrucht

Natur als Erlebniswelt I: Im Sinnesgarten: • Sehen • Fühlen • Riechen • Schmecken • Hören • mehr- und allsinnig wahrnehmen	**Natur als Erlebniswelt II:** • Wald • Wiese • Heide • Gärtnerei • bestellte oder abgeerntete Felder • Bauernhof • Moor • Gewässer (Bach, Fluss, See, Meer) • Plantagen für Obst, Beerenfrüchte	**Natur als Erlebniswelt III:** Heimische Pflanzenwelt unter ökologischer Perspektive: • Pflanzen als Nutzpflanzen • Pflanzen in der freien Natur (»Kraut« – »Unkraut«) • Pflanzen und Schädlingsbekämpfung (Pestizide/Insektizide)	**Natur als Erlebniswelt IV:** Schutz der Natur – Naturschutz: Abnahme der Arten – Schöpfungsauftrag – Erhaltung der Schöpfung – Weiterentwicklung der Schöpfung – Wiedergewinnung von Land aus Meer, aus Wüste

In der Förderung schwerstbehinderter Schüler:
• im Körpernahbereich auf unterschiedlichen Sinneskanälen Pflanzen, Blumen und deren Ableitungen (Öle, Säfte, Blätter, Früchte etc.) wahrnehmen – Erleben von Sonne, Wind, Regen etc.
	Pflanzen und ihre Früchte als Lebensmittel:
	• Obst (Saft, Frucht etc.)
	• Hülsenfrüchte
	• Korn/Mehl
	• Gemüse
	• Beeren
	• Pilze
		Kleidung aus Pflanzen:
		• Baumwoll- und Wolltextilien
		• Seide
		• Leinen
		• Flachs
			Natur als wiederkehrender Kreislauf:
			• in der Region
			• in Abhängigkeit vom Klima und von Klimazonen:
			  • z. B. Urwald/Regenwald
			  • z. B. Wüste
			  • z. B. Pole – Arktis/Antarktis

4.5 Sachbereich: »Natur II – Tierwelt«

4.5.1 Struktur

Dieser Sachbereich – im engen Kontext mit dem Sachbereich »Natur – Pflanzen« – soll den Schülern vermitteln:

- Tiere sind Bestandteil der Schöpfung.
- Tiere leben auch »wild« (artgerecht) in der Natur.
- Tiere sind Nutztiere/Haustiere des Menschen.
- Tiere sind dem Menschen in Obhut gegeben.
- Tierarten sind über die ganze Erde in typischen Lebensräumen (Habitaten) verbreitet.
- Tiere sind Bestandteil der Kultur/Freizeitbeschäftigung.
- Tiere (Arten/Gattungen) haben eine Entstehungs- und Verbreitungsgeschichte auf der Erde.
- Tiere stellen für den Menschen einen Wert dar.
- Tiere als Kleintiere/Mikroorganismen spielen im Leben des Menschen eine wichtige Rolle.
- Tiere sind Teil der Entwicklungsgeschichte des Lebens.

Die Nutzung eines Tierhauses in der Schule (Teil der Gartenarbeit in der Werkstufe) bietet den Schülern Möglichkeiten der Aufzucht, Pflege und Versorgung von Tieren. Die Übernahme von Verantwortung für Haustiere (artgerechte Haltung) vermittelt ein Bewusstsein für die besondere Verantwortung gegenüber dem Tier (Arterhaltung). Die Darstellung des Zusammenhangs von Ökologie und Ökonomie bietet im Unterricht die Möglichkeit, ethische Grundsätze im Umgang mit Tieren zu verinnerlichen (Beispiele für nicht artgerechte Tierhaltung: Käfighaltung bei Hühnern, Tierfarmen für die Pelzindustrie, Lachsaufzucht etc.). Schöpfungsgebot/Schöpfungsauftrag werden vor dem Hintergrund eines einzigen und bedrohten Lebensraums dargestellt. Das Co-Habitat von Mensch und Tier als Einheit bedarf des Anwalts »Mensch«, die Zukunft der Artenvielfalt und das Zusammenleben von Mensch und Tier zu sichern.

Das beispielhafte Erleben fremder Tiere im Zoo soll die Vielfalt der uns fremden Arten darstellen und gilt auch als Hinweis auf die Bedrohung besonderer Tierarten durch den Menschen und die Zerstörung der Natur. Der Aufweis von Naturschutzgebieten auf der ganzen Welt trägt dem Gedanken Rechnung, dass Tiere unveräußerlicher Teil der erhaltenswerten Schöpfung sind.

4.5.2 Curriculum: Sachbereich »Natur II – Tierwelt«

Vor-/Unterstufe	Mittelstufe	Oberstufe	Werkstufe
Haustiere kennen lernen und Erfahrungen austauschen: • mit dem Hund • mit der Katze • mit dem Vogel • mit den Zierfischen • mit dem Hamster • mit dem Kaninchen	Haustiere versorgen lernen: • Tiere brauchen Nahrung • Tiere brauchen Pflege • Tiere brauchen »Wohnung« • Tiere brauchen Hilfe • Tiere brauchen Zuwendung • Tiere brauchen medizinische Versorgung	Selbstständige Versorgung von Haustieren im Sinne einer »artgerechten Tierhaltung« (z. B. im Tierhaus der Schule): • Hühnerhaltung • Kaninchenhaltung • Schafshaltung • Pferdehaltung • Fische im Aquarium • Vögel in der Voliere	Versorgung von Nutztieren: • Tiere und ihre Versorgung auf dem Bauernhof: Kuh, Schwein, Huhn, Truthahn • Tiere und ihre Versorgung auf dem Reiterhof: Pferd, Pony, Esel • Tiere und ihre Versorgung in der »Natur«: im Forstbetrieb
Tiere der näheren Umgebung kennen lernen: • als Haustiere (Hund, Katze, Meerschweinchen, Kanarienvogel etc.) • als Nutztiere auf dem Bauernhof (Kuh, Schwein, Pferd) • als Kleinlebewesen: Fliegen, Mücken, Läuse, Bienen etc.	Typische Verhaltensweisen von Tieren kennen lernen: • Hund... bellt • Pferd... galoppiert – wiehert • Löwe... brüllt • Katze... schleicht an • Vogel... fliegt... singt • Wühlmaus... wühlt • Grille... zirpt	Exemplarisches Zuordnen von Tieren zu Arten und Gattungen: • z. B. Säugetiere • z. B. Vögel • z. B. Insekten • z. B. Kriechtiere • z. B. Fische	Das Tier als Wirtschaftsfaktor: • Schaf: Wolle – Kleidung • Huhn: Ei – Fleisch • Kalb: Fell – Leder – Schuhwerk • Rind/Kalb/Schwein: Fleisch • Kuh: Milch – Butter – Käse – Fleisch • Tierkadaverwertung: Tiermehl (BSE) – Gelatine

Tiere in der »natürlichen« Umgebung:
• als Nutztiere (Kuh – Kuhstall – Weide, Pferd – Pferdestall – Weide – Reiterhof, Schwein – Schweinestall, Huhn – Hühnerstall – Gehege)
• als Wald-/Wildtiere
• als Jagdtiere
• als »Quältiere«, Stechtiere (Mücken etc.)
• als »Streicheltiere«
	Tiere als Nutztiere des Menschen:
	• Was der Mensch von Tieren nutzt:
	  • Fleisch
	  • Fell/Leder
	  • Haare
	  • Eier
	  • Fette
	  • Innere Organe
		Fortpflanzung bei Tieren:
		• z. B. bei Vögeln
		• z. B. bei Kriechtieren
		• z. B. bei Säugetieren
		• z. B. bei Fischen
		• z. B. bei Insekten
			Tierische Produkte in unserer Nahrung:
			• Fett – Butter
			• Milch – Käse – Quark
			• Fleisch – Wurst
			• Organe – Wurst
			• Ei – Eiweiß
			• Fisch – Fischmehl

Begegnung mit Tieren in den Medien:
• Benjamin Blümchen
• Biene Maja
• Schweinchen Dick
• Micky Mouse
• Natur- und Tierfilme
	Besuch in einem Zoo:
	• Kennenlernen von exotischen Tieren
	• Kennenlernen der Vielfalt tierischen Lebens (Tierarten)
	• Fütterung von Tieren im Zoo
	• Pflege und Versorgung von Tieren im Zoo
	• Vermehrung von Tieren im Zoo – Erhaltung der bedrohten oder ausgestorbenen Arten
		Artgerechte Tierhaltung im Verhältnis zu besonderen Fähigkeiten/Bedürfnissen der Tierart:
		• Tiere im Zoo
		• Haustiere
		• Tiere im Zirkus
		• Tiere auf dem Reiterhof
		• Tiere im Terrarium
		• Tiere auf Ausstellungen
		• Tiere im Käfig
		• Tiere in der Voliere
			Artenvielfalt und Artensterben:
			• Schöpfung und Erhaltung der Schöpfung: Reservate – Naturschutz
			• Tierschutz als Erhaltung der Schöpfung: Nachzucht bedrohter und ausgestorbener Arten
			• Mensch und Tier in ihrer Abhängigkeit voneinander: Symbiosen, z. B.
			  • von Mensch und Hund, Katze
			  • Mensch und Pferd
			  • Mensch und Brieftaube

Tiere bewusster wahrnehmen: • durch Darstellungen in Erzählungen, Fabeln, Geschichten • durch Bildgeschichten • durch Erlebnisgeschichten • durch Begegnungen	Tierheim besuchen: Verlassene Tiere suchen ein Zuhause: • Aufgaben des Tierheims • Misshandlung von Haustieren • Vernachlässigen von Haustieren • Finanzierung – Spenden für den Unterhalt verlassener, verwahrloster, ausgesetzter Haustiere	Hege/Pflege/Jagd bei Tieren: • Der Jäger als Heger • Heimische Tiere werden gejagt • Habitat von jagbaren Tieren in der Region (im Wald, im Gewässer) • Tiere sterben im Straßenverkehr: Hasen, Katzen, Rehe, Igel, Vögel	Passung von Tier und Umgebung (Habitat): • Vogel – Strauch – Baum • Igel – Unterholz • Raupe – Schmetterling – Blatt – Baum • Storch/Kranich – Feuchtwiesen • Koala-Bär – Baum • Kamel – Wüste • Fisch – Gewässer • Lachs – Meer – Fluss • Maikäfer – Erde – Baum • Affe – Bäume – Urwald
Wir besuchen einen Streichelzoo: • Tiere sind anfassbar • Tiere sind z. T. zutraulich	Besuch auf dem Bauernhof: • Wie die Tiere leben • Wie die Tiere nützen	Passung von Tier und Umgebung (Habitat): • Natürliche Lebensräume von Tieren kennen lernen	Künstliche Lebensräume von Tieren kennen lernen: • Reservate in aller Welt • Groß-Aquarien • Delfinarien

• Tiere haben Eigenarten • Tiere können beißen, kratzen • Tiere können »sprechen«	• Wie die Tiere versorgt werden • Was die Tiere bringen • Typisierungen von Tieren	• Verdränung aus Lebensräumen durch den Menschen • Erforschen neuer Lebensräume	• Zoo/Tiergarten • Vogelhaus/Voliere
Typisierungen von Tieren: • Vogel fliegt • Schlange schlängelt sich • Fisch schwimmt • Hund bellt • Pferd galoppiert, trabt, springt		Exotische Tiere als Themen von Fernsehsendungen/Videos: • Delfine • Löwen • Elefanten • Echsen • Dinosaurier	Tiere als Kauf-/Forschungsobjekte: • Hund und Katze • Krokodil • Papagei • Mäuse und Ratten • Affen
Typisierungen von Tiereigenschaften: • Giftig wie eine Schlange • Schmutzig wie ein Schwein • Stachelig wie ein Igel • Flink wie ein Wiesel • Plump wie ein Elefant im Porzellanladen	Besuch auf dem Reiter- oder Pony-Hof: • Pferde bereichern des Menschen Freizeit • Pferde machen Spaß und fordern heraus • Pferde haben Erwartungen • Pferde werden alt	Tiere in Not – Umgang des Menschen mit dem Tier: • Aussetzen von Tieren • Quälen von Tieren • Tiere im Asyl • Tiere als Handelsware • Tiere als Sammlerobjekte • Tiere als Statussymbole	Welt der Tiere (global): Tpische Tiere in typischen Erdteilen: • Afrika: Elefant, Löwe, Krokodil, Flusspferd • Sibirien: Tiger • China: Panda-Bär • Nordamerika: Puma • Polarzone: Eisbär
Gefahren vermeiden lernen im Umgang mit Tieren: • Verhaltensweisen von Tieren beachten lernen • Gefährlichkeiten von Tieren kennen lernen: Tiere können Allergien auslösen	Gefahren vermeiden lernen im Umgang mit Tieren: • beißender Hund • beißende Schlange • ausschlagendes Pferd • fauchende Katze	Tiere als Fabelwesen in Filmen mit menschlichen Eigenschaften: • Einhorn u. a.	Die Einheit von Tier – Mensch als Entwicklungsgeschichte: »Woher komme ich?« • entwicklungsgeschichtliche/stammesgeschichtliche Aspekte der Entwicklung der Hominiden, der Menschen
Hygiene im Umgang mit »Haustieren« beachten lernen: • Hände waschen nach dem Berühren von Tieren • Exkremente von Haustieren nicht berühren	Hygiene im Umgang mit Tieren beachten lernen: • Kot von Hunden nicht anfassen • Hände waschen nach Berührung von Tieren • Nach einem Biss Hilfe einholen	Krankheiten von Tieren können sich auf den Menschen übertragen: • BSE • Salmonellen • MKS	Vermeidungsstrategien im Umgang mit Hunden, Katzen, Hamstern, Ratten, anderen »wilden« Tieren

4.6 Sachbereich: »Natur III – Naturphänomene«

4.6.1 Struktur

Der Mensch steht den Naturphänomenen mit Staunen, mit Bewunderung, aber auch mit Angst und Schrecken gegenüber.

Naturphänomene geben Zeugnis von der Entstehung der Erde, des Universums, von einem sich bedingenden System physikalischer, natürlicher Abhängigkeiten. Der Mensch als Bewohner der Erde ist den Naturphänomenen oft schutzlos ausgesetzt, oft weiß er sich dagegen zu schützen, die Zusammenhänge zu erklären, seine Abhängigkeit zu deuten und ihre Vorteile für sein Überleben in der Zukunft zu nutzen. Oft führt er die Katastrophen selbst durch seinen Umgang mit der Natur herbei, z. B. durch Vernichtung der Ozonschicht, durch Klimaerwärmung, durch Abholzung der Regenwälder, durch Verbauung der Landschaft (Berge, Flussauen).

Der geistigbehinderte Mensch bedarf einer sensiblen Einführung in diese Phänomene, deren Beherrschung durch den Menschen ihm einerseits Sicherheit bieten, andererseits Neugierde wecken und Mut auf eine gemeinsame und verantwortbare Zukunft machen soll.

Die Einführung in natürliche Phänomene wie Wetter, Jahreszeiten wird von der Unterstufe an in die Erkundung der Nahwelt einbezogen und möglichst handlungsaktiv durchgeführt. Die Katastrophen auslösenden Naturerscheinungen können aktuell in den anderen Stufen aufgegriffen werden und im Rahmen von Projekten fortgeführt werden.

Die Nutzung neuer Medien (Computer, Internet, Fernsehen, Video etc.) setzt voraus, dass ihr Einsatz möglichst von der Unterstufe an zur Darstellung und Bearbeitung der Naturphänomene geplant wird und Mitarbeitsmöglichkeiten für die Beteiligten schafft, die strukturell in die Jahresplanung einbezogen sind. Der Unterricht sollte die Lernmöglichkeit außerhalb der Schule – z. B. durch den Besuch von Sternwarten, Planetarien, Wetterstationen etc. – möglichst intensiv nutzen.

4.6.2 Curriculum: Sachbereich »Natur III – Naturphänomene«

Vor-/Unterstufe	Mittelstufe	Oberstufe	Werkstufe
Alltägliche Wettererscheinungen wahrnehmen: • Es regnet • Die Sonne scheint • Es weht ein Wind • Es ist stürmisch • Es herrscht ein Orkan • Es wird dunkel • Es ist heller Tag • Es ist dunkle Nacht • Es schneit • Es friert • Es ist kalt • Es ist schwül • Es ist heiß • Es ist durchwachsen • Es gewittert, es blitzt, es donnert	Intensivere Wetterbeobachtung mit Hilfe der Medien: • Wetterkarten lesen • Tagestemperatur messen • Niederschläge messen • Windrichtungen feststellen • Umlauf der Sonne beobachten • Mondphasen kennen lernen	Die Erde wird in ihrem Aufbau dargestellt: • Kugelgestalt • Schnitt durch die Erdkugel • Aufbauschichten • Sich verschiebende Kontinental-Platten • Erdformationen an der Oberfläche • Kontinente • Gas-Hüllen um die Erde herum	Das Universum: • Erklärungsversuche für die Gewordenheit in Zeit und Raum • Darstellungsweisen, um Größenverhältnisse darzustellen, z. B. an Modellen • Leben auf der Erde im Vergleich zum künstlichen Leben im Weltraum, z. B. in Satelliten etc. • Erde und Weltraum
Tagesstruktur kennen lernen: • als Tagerscheinung • als Nachterscheinung • als Frühlingstag • als Sommertag • als Herbsttag • als Wintertag	Der Globus wird als Unterrichtsmedium eingeführt. Seine Benutzung bezieht sich auf: • Erde als Kugel • Verteilung von Land und Wasser (mit Symbolen) • Symbole für Land, Wasser, Gebirge, Flüsse, Städte, Grenzen etc.	Geophysikalische Phänomene werden erklärt: • Vulkanismus • Erdbeben • Überschwemmungen • Ebbe und Flut • Magnetismus	Vertiefung: Geophysikalische Phänomene (siehe Mittelstufe) • Golfstrom • Aufbau der »Luft«-Schichten über der Erde • Entstehung von Wüsten
In den wechselnden Jahreszeiten typische Erscheinungen wahrnehmen und benennen: • im Frühling • im Sommer • im Herbst • im Winter	Lernen am Modell: • Beziehung von Sonne und Erde zueinander • Beziehung von Mond und Erde • Die Laufbahn einer Raumfähre • Die Landkarte gibt uns Auskunft über Länder und Erdteile	Globale Klimaerscheinungen: • Wärme- und Kältezonen verändern sich • Sommer-Winter-Wechsel durch Veränderung des Sonnenstandes • Folgen von Umweltzerstörungen durch den Menschen:	Wir versuchen, Wetterdokumentationen und ihre Symbole zu lesen: • z. B. im Fernsehen • z. B. über Internet • z. B. aus der Tageszeitung • aus der Programmzeitung • bezogen auf die Region

	• Höhenmessung auf der Landkarte wird durch Farbgebung kenntlich gemacht • Der Atlas als Ratgeber	• Ozonschicht nimmt ab • Strahlen schädigen die Haut • Die Atmung wird erschwert • Das Meerwasser steigt	• bezogen auf Deutschland • bezogen auf Europa
Folgende Phänomene werden als bedeutsam erlebt: • Sonne/Tag • Mond/Nacht • Sternenhimmel (Sterne, Kometen, Meteroiten etc.)	Katastrophen: • Überschwemmungen • Trockenheiten • Erdbeben • Vulkanausbrüche in Europa • Lawinen in den Alpen • Orkane auf dem Meer • Sturmfluten an den Küsten • Tierplagen in besonderen Zonen der Erde	Wetterbeobachtungen im Wetteramt: • Wir besuchen das Wetteramt in Essen oder anderswo • Wir besuchen eine Wettermessstation	Klimaveränderungen: • Treibhauseffekte • Ozonbelastung • Temperaturveränderungen • Überschwemmungen • Abschmelzen der Gletscher • Abschmelzen der Polkappen
	Wenn-Dann-Beziehungen werden erkannt und als Gesetzmäßigkeiten benannt: • z. B.: Bei starkem Regen gibt es Überschwemmungen • z. B.: Bei starker Trockenheit steht das Wachstum der Pflanzen still • z. B.: Bei Orkanen werden Wälder zerstört	Der abendliche Sternenhimmel: • Wir besuchen ein Planetarium in einer naheliegenden Stadt • Wir schauen mit dem Fernrohr in den Nachthimmel • Wir erkennen Sternbilder und lernen ihre Namen	Der Mensch erforscht das Universum: • Raketen/Satelliten erobern das Weltall • Kenntnisse von anderen Planeten und Sternen • Besuch auf dem Mond demnächst im Reiseangebot

4.7 Sachbereich »Zeit – Zeitläufte – Zeitgeschichte«

4.7.1 Struktur

Die Aufgabe der SfGb, den Schüler in seine Alltags- und Lebenswelt zu integrieren, bedarf auch einer Ausweitung in den Bereich der individuell erlebbaren Zeit, des gemeinsamen Zeitgeschehens und der Zeitgeschichte

(Retrospektive – Blick zurück) auf der Grundlage der Koordinaten Gegenwart – Vergangenheit, Gegenwart – Zukunft.

Zunächst soll er zunehmend bewusster seine Jetzt-Zeit-Gegenwart wahrnehmen und über die Strukturierung von Tag, Woche, Monat, Jahr den Fließcharakter der Zeit erfahren und Ordnungsstrukturen in der Zeit als Fixpunkte und Orientierungsmarken erkennen. Darüber hinaus soll er – durch gemeinsame Rekonstruktion von Bilder-Geschichten und Handlungen – über die eigene Biografie und die gemeinsame Abstammung/Familiengeschichte einen Einsteig in die Vergangenheit als Zeit erzählter Geschichten erfahren. Durch wachsende Erfahrungen im Umgang mit globalen Weltereignissen soll sich sein Horizont auf die Zusammenhänge von Weltzeit – Weltgeschichte – Universum und Zukunft der Welt und der Menschheit ausweiten. Wenn es am Ende der Bildungsaufgabe der Schule gelingt, ihn als *Zeitnehmer* (in der vorgegebenen Tages-/Wochenstruktur) und als *Zeitgeber* (in Spiel, Freizeit, Gespräch, Ferien, Wochenende) in die Arbeit, in Wohnen und Freizeit zu entlassen und ihn seine Identität auch als persönliche Teilhabe an einer allen gemeinsamen Menschheitsgeschichte, einer gemeinsamen Vergangenheit und Zukunft erfahren zu lassen, wird Schule ihre Aufgabe der Vermittlung von biografischer Identität vor dem geschichtlichen und zukünftigen Hintergrund von Gemeinschaft und Gesellschaft in einer gemeinsamen Welt verantwortungsbewusst abgeschlossen haben und an die Institutionen nach dem Schulbesuch weitergeben können.

4.7.2 Curriculum: Sachbereich »Zeit – Zeitläufte – Zeitgeschichte«

Vor-/Unterstufe	Mittelstufe	Oberstufe	Werkstufe
Strukturierung der Tageszeit in der Schule anhand des Tagesstundenplans, der Merkpunkte des Tages bezüglich: • Vorhaben im Stundenplan • Tageszeiten • Pausen • Mahlzeiten etc.	Strukturierung des Jahresablaufs: • durch Wochentage • durch Wochen • durch Monate (Kalender/Ferienkalender) • durch Jahreszeiten und ihre typischen Erscheinungsweisen als Zeitmodalitäten	Biographische Merkpunkte im Lebenslauf der Schüler: • Geburt • Taufe • Frühförderung • Kindergarten – Förderkindergarten • Einschulung in... • Kommunion	Zeitgeschichte: Was passiert alles in der Welt gleichzeitig? • Zeitgeschehen aus Nachrichten in Zeitungen/TV/Radio • Große Ereignisse in der Welt als Merkpunkte für das Erleben der Gegenwart

Rhythmisierung des Tages durch sich wiederholende Abläufe		• Firmung • Konfirmation	• Zeitzonen in der Geographie • Weltgeschichte als Politik • Politische Zonen
Strukturierung des Wochenstundenplans: • Wochentage haben eine spezifische Struktur • Schwerpunkte am Vormittag • Schwerpunkte am Nachmittag • Schwerpunkttage mit besonderen Angeboten • Beginn und Abschluss der Woche – Wochenende als erlebbare Markierungen (Rituale) • Wochenende – Frei von Schule • Ferien – Frei von Schule	Eine Familiengeschichte: Ich erstelle für meine Familie ein Fotoalbum und strukturiere es nach den Zeitabläufen der Generationen: • Großeltern • Eltern • Kinder Der Kreislauf des Lebens: Kinder werden einmal: • Eltern • Großeltern • Urgroßeltern	Zeitperspektive rückwärts: Geschichtstypische Darstellungen: • Zeit der Griechen, Juden • Zur Zeit Jesu • Römerzeit • Ritterzeit • Eroberungen • Erfindungen: • Fahrrad, Rollstuhl, Auto • Entdeckungen • Kunstepochen • Handwerk • Landwirtschaft • Technik • Spiele	Kosmologie: Was war vor dem Erscheinen des Menschen? • Entstehung der Welt • Gewordenheit von Mensch und Welt – Zeitepochen der Frühgeschichte Unsere Erde und das Universum: • Krieg der Sterne? • Satelliten erobern das Weltall • Der Flug zum Mond/zum Mars – demnächst bei TUI? • Der Mensch erobert das Weltall • Mikrokosmos – Welt im Kleinen: Eine Reise durch den Körper des Menschen

Markante Zeitmarken im Ablauf des Jahres:
• Feste des Kirchenjahres
• Feste im Jahreskreis
• Ferien zu den Festen
• Freizeitgestaltung im Sommer
• Freizeitgestaltung im Winter
• Ausflüge zum Erleben der Natur in den Jahreszeiten
	Leben in der Aufteilung von:
	• Kindheit – Jugend – Erwachsenenzeit – Seniorenzeit an gleichzeitigen Beispielen
	• Phänotypische Lebenszeiten mit typischen Erscheinungsweisen (Sozialtypik) für:
	  • Kindheit
	  • Jugend
	  • Erwachsenheit
	  • Alter
		Zeittypische Kriterien (früher – heute) für:
		• Aussehen – Frisur
		• Kleidung – Schuhwerk
		• Einrichtung der Wohnung
		• Sprache
		• Wohnen
		• Alltagsleben
		• Sport
		• Feiern
		• Essen
			Gute Zeiten – schlechte Zeiten:
			• Krieg und Frieden
			• Armut und Reichtum in der Welt
			• Not macht erfinderisch
			• Erfindungen und Entdeckungen
			• Wasser als Lebensquell
			• Abhängigkeiten: Wer verteilt was?
			  • Öl
			  • Gas
			  • Strom
			  • Wasser

• Typische Vorhaben im Jahresablauf (in Jahreszeiten, in bestimmten Monaten): • Karneval • Rituale für große Feste			• Der Mensch als Lenker der Geschichte?
Annäherungen an Zeitstrukturen im Erleben von: • heute – heute vormittag – heute nachmittag – heute abend – heute nacht • gestern – vorgestern • morgen – übermorgen oder: • jetzt, sofort • gleich • später • früher • bald • irgendwann	Zeitabläufe als Lebensläufe bei Pflanzen und Tieren: • Blumenziehen in der Klasse, vor der Klasse, im Beet • Abläufe als Wachstumszustände der Pflanzen in der Zeit • Tiere aufziehen im Tierhaus: • Zeugung – Brutzeit • Geburt • Lebenszeit • Auszeit durch den Menschen • Tod	Bilder erzählen Geschichten aus anderen Zeiten: • Gemälde • Fotos • Reliefs • Fresken • Radierungen – Zeichnungen • Gemälde • Mosaiken	Zeitepochen im Rückwärtsgang: • unsere Zeit – meine Zeit • Neuzeit – lange vor meiner Zeit • Mittelalter • Zeit der Griechen und Römer • Geburt Jesu als Zeitenwende • Altes und Neues Testament als Zeitepochen • Zeit der Dinosaurier • Geschichten vom Anfang • Mythen vom Anfang • Zeit als Entwicklung der Welt, der Pflanzen, Tiere und Menschen
Wir stellen eine Zeitschiene/-leiste her für Gegenwart, Zukunft, Vergangenheit und orientieren uns an unseren Ereignissen in der Zeit: • Gegenwart als Einstieg in die Vergangenheit – rückwärts • Gegenwart als Ausgang für die Zukunft – vorwärts • Gleichzeitigkeit an verschiedenen Orten	Uhrzeit lesen – Zeit nehmen mit Zeitmessern: • Zeit als Verlaufszeit des Tages • Zeit als Anfangs- und Schlusszeit • Zeit als Koch- und Backzeit • Zeit als Badezeit • Zeit als Sportzeit • Zeit als Fernsehzeit • Zeit als Arbeitszeit • Zeit als Freizeit • Zeit als Zeitmessung im Sport	Filme erzählen Geschichten aus früheren Zeiten: • Indianer-/Cowboy-Geschichten/ Wilder Westen • Geschichten aus dem alten Rom (Gladiator, Caesar, Asterix/Obelix) • Mythen der Griechen • Steinzeitmenschen • »Ötzi« • Eroberungen/Entdeckungen • Kaiser/Könige/ Helden/Heilige	Leben und Überleben in der Zukunft: • Verbrauch von Ressourcen in absehbarer Zeit • Überleben von Pflanzen und Tieren durch Hilfe der Technik • Gentechnologie gegen Krankheiten und Behinderungen • Die vielen Menschen und der kleine Planet • Grenzen der Machbarkeit • Vertrauen in die Zukunft

Optische/Akustische Zeitzeichen kennen lernen: • Schuluhr • Uhren in der Öffentlichkeit	Zeitzeichen kennen lernen und Zeiten einhalten	Zeiten nach Vereinbarung einhalten	Zeit nehmen, z. B. mit modernen Zeitmessern: Uhren für unterschiedliche Funktionen

4.8 Sachbereich: »Öffentliche Versorgung«

4.8.1 Struktur

Der Mensch lebt in der Gemeinschaft/Gesellschaft. Lebensformen und Lebensbedürfnisse sind auf institutionelle Einrichtungen angewiesen.

Wasser- und Energieversorgung, Entsorgung, Dienste im Bereich Verwaltung, Gesundheit, Verkehr, Sicherheit bieten u. a. die Möglichkeit, den entsprechenden Bedürfnissen gerecht zu werden. Diese Strukturen der Versorgung, Entsorgung, Dienstleistungen sind im Laufe der Menschheitsgeschichte gewachsen und ständigen Änderungen unterworfen. Der aufwachsende und später erwachsene Mensch bedarf unterschiedlicher Kompetenzen, um sich gemäß seinen Bedürfnissen und Erwartungen dieser lebenswichtigen Institutionen in seinem Umfeld zu bedienen.

So bietet der Unterricht in diesem Sachbereich die Möglichkeit, ausgehend von Schule und Familie Einrichtungen der Versorgung kennen zu lernen und ihre Bedeutung zunächst im Bereich der kleinräumigen und einsichtigen Versorgung zu verstehen. Gleichermaßen ist der Schüler aufgefordert, sich an bestimmten Diensten aktiv zu beteiligen oder sie in Anspruch zu nehmen.

Der Erwerb von Kenntnissen und Fertigkeiten geht vom Wohnort des Menschen aus. Durch ständige Ausweitung des Lebenskreises auf Gemeinde (kirchlich, politisch), Stadt, Region, Kreis, Land werden entsprechende Orientierungs- und Nutzungsmöglichkeiten angeboten. Der Einblick in Versorgungsstrukturen vermittelt den Menschen in der Gemeinschaft/Gesellschaft existenzielle Sicherheit und somit Mut für das Leben in Gegenwart und Zukunft. Das alles gilt auch und insbesondere für den behinderten Menschen, da er in seinem Assistenzbedürfnis in besonderer Weise auf Dienste angewiesen ist. Der Einblick in großräumige und strukturell komplex angelegte Versorgungsdienste/Dienstleistungen kann nur modellartig und exemplarisch angeboten werden, setzt aber voraus, dass sie ihm als Veranstaltungen des Menschen vorgestellt werden, der darum bemüht ist, das Leben der vielen Menschen sicher und vernunftgemäß zu gestalten.

4.8.2 Curriculum: Sachbereich »Öffentliche Versorgung«

Vor-/Unterstufe	Mittelstufe	Oberstufe	Werkstufe

Versorgungsstrukturen in Familie und Schule kennen lernen:
• Essen
• Trinken
• Pflegen
• Besorgen
• Einkaufen
• Ankleiden/Anziehen
• Entsorgen
• Vorbereiten
• Aufräumen
	Versorgungsstrukturen im zunehmend größeren Bereich kennen lernen durch Inanspruchnahme von Diensten:
	• in der Schule
	• in der Einrichtung
	• in der Gemeinde bzw. im Stadtteil
	• in der Kirchengemeinde
		Versorgungswege kennen lernen:
		• für Wasser
		• für Strom
		• für Licht
		• für Gas/Öl
		• für Luft
			Versorgungskonzepte kennen lernen:
			• für Wasser
			• für Strom
			• für Licht
			• für Gas/Öl
			• für alternative Energien:
			  • z. B. aus Wind
			  • z. B. aus Wasser
			  • z. B. aus Erdwärme
			  • z. B. aus Sonnenenergie

Jeder Bereich wird in seiner Grundstruktur (didaktische Reduktion) dargestellt: • Bedürfnis • Befriedigung des Bedürfnisses und Beratung • Dienst/Angebot/Service • Versorgung • Bevorratung • Ordnung – Reinigung – Pflege ...am Beispiel der Familie, der Klasse, der Schule	Kennenlernen von: • Polizei • Feuerwehr • Krankenhaus/Ambulanz • Post • Bahn • Flughafen • Sparkasse/Bank • Rathaus • Kläranlage • Hallen-/Freibad • Praxen von Ärzten, Therapeuten	Funktionen kennen lernen von: • Rathaus • Gemeindeverwaltung und Ämter • Kirchen – Pfarrämter • Friedhof – Krematorium • Gesundheitsamt • Ordnungsamt • Bauamt • Schulamt • Sozialamt • Katasteramt	Kennenlernen von Funktionen in: • Wasserwerk • Elektrizitätswerk • Heizwerk • Kläranlage • Abfallbeseitigung • Reststoffverwertung • Mülldeponie Modelle erarbeiten und Einrichtungen in der Praxis aufsuchen.

Unterrichtsgänge zum Wahrnehmen:
• Orientierung innerhalb der Schule:
  • Was ist wo?
  • Was passiert wo?
  • Wer regelt was?
• Orientierung außerhalb der Schule:
  • Was ist wo?
		Kennenlernen von Arztpraxen für verschiedene ärztliche Dienste:
		• Arzt für Allgemeinmedizin
		• Zahnarzt
		• Ambulanz des Krankenhauses
		• Kinderarzt
			Personifizieren von öffentlichen Einrichtungen und handlungsbezogen erklären:
			• Rathaus – Bürgermeister
			• Feuerwehr – Feuerwehrmann
			• Polizei – Polizist

• Was passiert wo?
• Wer regelt was?
• Wie läuft was ab?
		• Frauenarzt
		• Fachärzte für Hals, Nase, Ohren, Augen
		• Orthopäde
		• Psychiater
		• Neurologe
		• Heilpraktiker
			• Kirche/Friedhof – Pastor
			• Krankenhaus – Arzt/Krankenschwester/Hebamme
			• Schule – Lehrer – Schulleiter
			• Kindergarten – Erzieher
			• Hallenbad – Schwimmmeister
			• Post – Briefträger
			• Bundeswehr – Soldat
			• Parlament – Politiker
			  • in der Gemeinde
			  • im Kreis
			  • im Land
			  • im Bund

Einführung von Diensten in der Klasse:
• Ordnungsdienst
• Entsorgungsdienst
• Blumen-/Pflanzenpflegedienst
• Aufdecken/Abdecken bei Mahlzeiten
	Wahrnehmung von Diensten in der Schule:
	• Schülerrat
	• Schülermitverwaltung
	• Helferdienste
	  • im Gottesdienst
	  • in der Notversorgung (DRK)
	  • anlässlich von Festen und Feiern
		Wahrnehmung von Diensten in der Gemeinde:
		• Sprechstunde beim Bürgermeister
		• Polizist regelt den Verkehr
		• Pastor beerdigt
		• Schwimmmeister beaufsichtigt das Schwimmbad
			Wahrnehmung von Diensten im Kreis/im Land/im Bund:
			• im Ordnungswesen
			• im Gesundheitswesen
			• im Sicherheitsbereich
			• im Finanzwesen
			• im Schulwesen
			• in der Politik:
			  • Parteien
			  • Parlamente
			  • Gremien
			Kennenlernen von europäischen Gremien:
			• Europa-Rat
			• EU
			• EWG
			• Nato
			• Europäischer Gerichtshof
			• Europäisches Patentamt

Wahrnehmen örtlicher Strukturen: • Straße – Gehweg – Fahrradweg • Haus – Häuser – Wohnort • Plätze	Wahrnehmen örtlicher Strukturen: • Wohngebiet • Geschäftsbereiche • Industriegebiet • Versorgungszentren • Erholungszentrum • Vergnügungszentrum • Entsorgungszentrum	Wahrnehmung überörtlicher Strukturen: • Großstadt • Einkaufszentren • Verwaltungszentren • Strom/Gas/Wasser	Wahrnehmung globaler Strukturen: • für Weltgesundheit • für Frieden • für Hilfen in Not/bei Katastrofen • für Welthandel • für Weltgerechtigkeit

4.9 Sachbereich: »Gesundheit – Krankheit – Tod«

4.9.1 Struktur

Die Anfälligkeit des Menschen für Krankheiten, seine Sorge für die Lebens- und Gesunderhaltung, der in die Lebensentwicklung einbezogene Tod bieten Themenschwerpunkte für das Leben und Lernen in der Klasse/Schule. Der Zusammenhang von Leben und Lernen wird hier in der Bewältigung des Alltags, durch die Erlebnisse von Gefährdungen des Lebens im Zusammenleben der Klassengemeinschaft besonders deutlich.

Lebensqualität stellt allgemein einen hohen Wert dar, der von den Menschen erarbeitet und erhalten werden muss. Im Mittelpunkt der Vorsorge (Kleidung, Nahrung, Bewegung, Erholung etc.) und Fürsorge (Inanspruchnahme von Medizin, ärztlicher, therapeutischer Hilfe) stehen Lern- und Lebensvorgänge in der Klasse selbst, die genügend Anlass bieten, sie in den Lebensablauf zu integrieren. Versorgung/Eigenverantwortung und Inanspruchnahme von Hilfe werden schwerpunktmäßig und beispielhaft erarbeitet. Tod wird als wesenhaft in die Darstellung der Lebensprozesse einbezogen. Die Darstellung des Menschenbilds (Hilfsbereitschaft, Sorge/Fürsorge, Verantwortung, Nächstenliebe etc.) schafft Raum für Vertrauensbildung, Angstverarbeitung. Vertrauen in die gemeinsame Zukunft ist Voraussetzung für das Vertrauen in die eigene Zukunft. Die Polarität von Selbst-Versorgung/Eigen-Verantwortung und Inanspruchnahme von Hilfe wird schwerpunktmäßig und beispielhaft erarbeitet.

Das Bild vom »imperfekten Menschen«, das so schwerpunktmäßig, zunächst über die Bereiche Gesundheitsvorsorge und -fürsorge, später über die Bereiche Krankheit und Hinfälligkeit zum Tod, entworfen wird, soll einerseits dafür stehen, dass Leben im biologischen Sinne Vergänglichkeit und Behinderung am Leben bedeutet, soll andererseits Einblick schaffen in das Mehr, das dem Menschen durch seine Geistigkeit, seine Schöpferkraft, seine Zukunftsmöglichkeiten und sein Mitgestalten zur Verbesserung der Situation »Mensch« zur Verfügung steht. Behinderung als zum Leben dazugehörig darf nicht als vermeidbar dargestellt werden, sondern bedarf der Einbettung in einen Gesamtlebensplan, in die Gemeinschaftlichkeit von Leben und Sterben.

4.9.2 Curriculum: Sachbereich »Gesundheit – Krankheit – Tod«

Vor-/Unterstufe	Mittelstufe	Oberstufe	Werkstufe

Alltag in der Schule:
• Körperpflege in den Schulsituationen, z. B. Händewaschen, An- und Ausziehen, adäquate Kleidung bezüglich der Jahreszeiten, der unterschiedlichen Anforderungen (in Sport, Schwimmen, Therapie)
• Sauberkeit im Klassenraum
• Ernährung/Versorgung in den Pausen
• Pflege in den Pausen
• medizinische Versorgung kranker Mitschüler/Lehrer
	Alltag in der Schule mit Zunahme der Selbstständigkeit im Bereich des Lebenspraktischen:
	• Sauberkeit und Hygiene im Alltag
	• Kontakte und Kommunikation in der Gruppe
	• Umgang:
	  • mit erkrankten, kranken Mitschülern
	  • und chronisch kranken Mitschülern
	  • mit körperbehinderten Mitschülern
		Persönliche Hygiene in Situationen des Alltags in der Schule:
		• Körperpflege (Sauberkeit, Pflege, Hygiene)
		• Zahnpflege
		• Haarpflege
		• Mahlzeiten
		• Kleidung – Schuhwerk
		• Kosmetik
			Kennenlernen persönlicher Verantwortung für die Gesunderhaltung im Bereich der:
			• Körperpflege
			• Nahrung
			• Kleidung
			• Sauberkeit/Hygiene
			• Umwelt
			• Was darf ich, muss ich tun?
			• Was kann ich, muss ich vermeiden?
			• Wer kann mich beraten?
			• Wer kann mir helfen?
			• Wem kann ich helfen?

Themen im Unterricht:
• Händewaschen
• Zähneputzen
• Sauberkeit in Kleidung und Schuhwerk
• Versorgung akut und chronisch kranker Mitschüler (bei Diabetes, Epilepsie, Spastik etc.)
	Themen im Unterricht:
	• Krankheit als Prozess, soweit er die Schüler betreffen kann:
	  • z. B. Erkältungskrankheiten
	  • z. B. chronische Krankheiten bei betroffenen Schülern
		Umgang mit Krankheiten:
		• Erscheinungsweisen/-bilder (Symptomatik)
		• Hilfe durch die ärztliche Kunst/Medizin
		• Hilfe durch Medikamente/Heilverfahren
			Gesunderhaltung und Krankheit als Aufgabe:
			• Vorsorge für Gesunderhaltung
			  • durch gesunde Ernährung
			  • durch angemessene Verhaltensweisen in der Lebensführung
			  • durch Beratung

• jahreszeitlich angepasste Kleidung
• jahreszeitlich angepasstes Schuhwerk
• Verhalten
  • im Schullandheim
  • beim Ausflug
	• z. B. ansteckende Krankheiten
	• und Umgangsweisen damit: Vorbeugen – Helfen – Sich-helfen-lassen – Sich-selber-helfen
		• Hilfe in der Apotheke
		• Hilfe im Krankenhaus
		• Hilfe durch Spezialeinrichtungen
		• Hilfe durch ambulante Dienste
		• Hilfe durch besondere Dienste
			• Fürsorge für kranke Menschen und deren Pflege und Versorgung:
			  • durch entsprechende Kompetenzen
			  • durch entsprechende Dienste

Themen im Unterricht:
• kranke Schüler
• Umgang mit kranken Schülern
• beim Arzt
• im Krankenhaus
• beim Therapeuten
	Gesundheit als Aufgabe der Gesunderhaltung durch:
	• entsprechende Ernährung
	• entsprechende Kleidung
	• entsprechende Vermeidungsstrategien:
	  • beim Einatmen
	  • bei Körperkontakten
		Hilfen für kranke Menschen:
		• Sorge
		• Nächstenliebe/Hilfe
		• Besuche
		• Geschenke
		• Dienste
			Krankheiten als Bestandteil des Lebens:
			• Möglichkeiten der Medizin
			• Grenzen der Medizin
			• Hoffnungen der Medizin durch Forschung

	Tod als Ereignis, das betroffen macht:
	• im Bereich der Klasse/Schule
	• im Bereich der Familie
	• als Katastrophe in der Welt
		Folge von Krankheit:
		• Pflege
		• Versorgung
		• Spezialbehandlung:
		  • durch Diät
		  • durch Mobilitätshilfen
		  • durch andere Maßnahmen
			Akzeptanz von:
			• Krankheit
			• Tod
			• Unfall
			• Behinderung

	Tod als religiöse Deutung: • Sterblichkeit des Menschen • Aufnahme im Glauben • Rituale für Bestattung	Kennenlernen von: • Arztpraxen • Krankenhaus/Klinik • Friedhof/Krematorium • Rehabilitationsbetrieb • Kurort	Beratung in schwierigen Lebenslagen: • durch nahestehende Personen • durch Lebenshilfe • durch Kirchengemeinde • durch Sozialamt • durch vernetzte Dienste

4.10 Sachbereich »Gemeinschaftskunde – Politik«

4.10.1 Struktur

Dass der geistigbehinderte Mensch zur Gemeinschaft der Menschen dazugehört, bedarf eigentlich keiner Erwähnung, wird aber offenkundig im Bereich der politischen Willensäußerungen (z. B. bei Wahlen) wenig oder kaum zur Kenntnis genommen. Schule bietet als demokratische Einrichtung das Forum, ihm demokratisches Verständnis und Offenheit für demokratische Bewusstseins- und Handlungsformen beizubringen. In diese Lebensform wird er mit zunehmendem Alter bewusster eingeführt, wird bewusster dazu erzogen, eine eigene Meinung zu bilden, Meinungen anderer kennen und achten zu lernen, Solidarität zu üben und Übernahme von Aufgaben in der Gemeinschaft und für die Gemeinschaft zu lernen. Wenn er dann nach der Schule als erwachsener Mensch seine verfassten Rechte und Pflichten in Anspruch nimmt, hat die politische Willensbildung als themenbezogene Gemeinschaftskunde in der Schule und vom Beginn des Schulbesuchs an Erfolge gezeitigt.

Der Zusammenhang von Bedürfnis und Erwartung, Recht und Pflicht, Eigenwohl und Gemeinwohl, Eigenliebe und Nächstenliebe/Solidarität wird so von der Vor- und Unterstufe an in seiner Polarität erfahren und themenbezogen, alltags- und altersrelevant und erfahrungsdicht erlebt.

Die Struktur der Gemeinschaft als Klassen- und Schulgemeinschaft hin zur politischen Gemeinschaft in der Zuordnung von Gemein-Sinn und Eigen-Sinn bis zur Gemeinschaft der Menschen in der Welt mit entsprechenden Ängsten und Hoffnungen für die Zukunft kann so mit jeweiligen Schwerpunkten sinnvoll erfahren und bedeutungsvoll verinnerlicht werden.

Die Wahrnehmung politischer Rechte und Pflichten vonseiten der behinderten Menschen, zunächst in der Schule, dann als Erwachsene, ist nicht selbstverständlich und bedarf entsprechender beratender Hilfen, die zunehmend auch von ihnen eingefordert werden können. Die Forderung des Grundgesetzes, dass der behinderte Mensch nicht benachteiligt werden darf, müsste positiv ausgedrückt werden: Der Mensch mit geistiger Behinderung wird als gleichberechtigter Mensch in der Gesellschaft voll anerkannt und an allen Möglichkeiten demokratischer Inanspruchnahme von bürgerlichen Rechten und Pflichten beteiligt.

4.10.2 Curriculum: Sachbereich »Gemeinschaftskunde – Politik«

Vor-/Unterstufe	Mittelstufe	Oberstufe	Werkstufe
Klassengemeinschaft: • Ich und Du: Wir • Wir als Klassengemeinschaft • Wir stellen uns dar • Eltern gehören auch dazu • Lehrer gehören auch dazu	Gemeinschaftswille bringt sich in Wahlen zum Ausdruck: • Wahl zum Klassensprecher • Wahl für SMV • Wahl für andere Ämter	Interessensgemeinschaften: • Dorf/Gemeinde/ Stadt/Stadtteil • Kirchengemeinde • Sportverein • Lebenshilfe	Die Qual der Wahl: • Es finden Wahlen statt • Es gibt Wähler • Es gibt Gewinner und Verlierer • Es gibt Nicht-Wähler

Stufengemeinschaft:
• Wir und die Nachbarklassen bilden eine große Gemeinschaft:
  • z. B. beim Gottesdienst,
  • z. B. bei gemeinsamen Feiern,
  • z. B. beim Ausgang etc.
• Notwendige Absprachen mit anderen Klassen im gemeinsamen Leben und Lernen
	Rechte und Pflichten:
	• Wir erstellen einen Pflichtenkatalog:
	  • Was darf ich?
	  • Was darf ich nicht?
	  • Was darf ich geben?
	  • Was darf ich erwarten?
	  • Was erwarten andere von mir?
		Wir schließen einen Vertrag:
		• miteinander
		• unter Partnern
		• zur Wahrung von Interessen
		• zur Förderung von Interessen
		• zur Nutzung von Interessen
		• zum gemeinsamen Handeln
		• zum Schutz von Interessen
			Sie/er darf an einer Wahl teilnehmen:
			• für die Gemeinde
			• für den Kreis
			• für das Land
			• für die Bundesrepublik
			• für Europa
			• für die Weltgemeinschaft (fiktiv, virtuell)

Ämter und Dienste in der Klasse: • Tafeldienst • Hol- und Bringedienste (Versorgung, Schulbüro etc.) • Klassensprecherdienst • Blumendienst/ Pflanzendienst • Ordnungsdienst • Frühstücksdienst • Ausleihdienst für Bücher	Klassengemeinschaft als Solidargemeinschaft: • Gemeinsame Feste und Feiern • Wir halten zusammen • Wir helfen und trösten • Wir freuen uns gemeinsam • Wir grenzen uns nicht ab • Wir sind offen für andere • Andere sind überall	Wir stellen für ein gutes Zusammenleben in der Klasse Regeln auf: • Was wollen wir? • Wie können wir es erreichen? • Wie können wir es durchsetzen? • Wie können wir Regelüberschreitungen ahnden?	Es gibt in jedem Land verfasste Regeln (Verfassung/ Grundgesetz): • mit Grundrechten • mit Grundpflichten • mit wesentlichen Bestimmungen für den Einzelnen, für das Gemeinwesen, für die Gemeinschaft und die Gesellschaft

Ämter und Dienste klassenüberbergreifend:
• Flurdienst – Ordnungsdienst
• Teilnahme am Schülerrat
• Entsorgung von Abfall, Wertstoffen
• Reinigung bei Verschmutzungen
• Pausenaufsicht
	Freundschaft:
	• z. B. in der Klasse
	• z. B. auf dem Flur
	• z. B. auf der Stufenebene
	• z. B. in der Schule
	• z. B. außerhalb der Schule:
	  • in der Nachbarschaft
	  • im Verein
		Schülerrat und seine Arbeit: Konstitution des Schülerrates als Interessenvertretung für Mitschüler:
		• Sitzungen des Schülerrats mit Tagesordnung
		• Sitzungen des Schülerrats mit Abstimmungserge bnissen
		• Sitzungen des Schülerrats mit Protokoll
			Verletzung von Regeln zieht Klage, Gericht, Verurteilung nach sich
			• Rechtsprechung
			• Anklage
			• Verteidigung
			• Urteilssprechung

Streitfälle und deren Schlichtung:
• Streitanlass
• Streitfolgen
• Streit beilegen durch Einsicht
• Streit beilegen durch Verfahrensweisen:
  • Streit schlichten, selbst oder durch andere
  • Streit im Vorfeld vermeiden
  • Strategien zur Streitvemeidung und -beilegung lernen
	Partnerschaft – Kooperation:
	• Meine Klasse mit einer anderen Klasse in der Schule
	• Meine Klasse mit einer anderen Klasse einer anderen Schule in der Nachbarschaft
	• Meine Schule mit einer anderen Schule anderswo
	  • z. B. in Deutschland
	  • z. B. in Europa
	  • z. B. in der Welt
		Wer trägt Verantwortung:
		• in der Klasse
		• in der Schule
		• in der Gemeinde
		• im Kreis
		• im Land
		• in der Bundesrepublik
		• in Europa
		• in der Kirche
		• in der Welt
			Verletztes Recht und Wiedergutmachung durch:
			• Bestrafung
			• Resozialisierung im Gefängnis
			• Schiedsverfahren
			• gütliche Einigung

Wochenrück-/Vorschau: Wir erzählen uns, • was in der Klasse in der vergangenen Woche alles passiert ist, • was funktionierte, • was daneben ging, • kurzum: was Klasse als Gemeinschaft erlebbar machte und Folgen zeitigt Wir treffen Vorkehrungen für die kommende Woche: • Was sich verbessern lässt	Es gibt immer »Störenfriede«: • andere Meinungen/Ansichten • andere Haltungen • andere Spielregeln • Wir und die Anderen • Im Spiel gibt es »Gegner« • Es gibt Regeln zur Vermeidung und zum Vertragen • Ich lass mich nicht provozieren • Ich bin tolerant	Wir gründen einen Verein mit Statuten: • Wir interessieren uns für... • Wir wollen im Verein unsere Interessen pflegen • Zur Pflege unserer Interessen legen wir Verfahren fest • Wir legen Statuten fest • Wir dokumentieren unser Vereinsleben in Schrift und Bild	Rechte und Schutz von Minderheiten: • kranke Menschen • alte Menschen • Asylsuchende • Nichtsesshafte • behinderte Menschen • hilflose Menschen • bedrohte Menschen

• Was sich vermeiden lässt • Was immer wiederkommt	• Ich ergreife Partei für den Schwächeren	• Wir stellen Anderen unseren Verein vor • Wir sind offen für andere	
Rollenspiel: • Schüler wechseln die Rollen im Spiel (Perspektivwechsel) • Lehrer und Schüler wechseln die Rollen • Rollenspiele durch Vorgaben aus dem Klassen- und Schulleben • Rollenspiele durch Vorgaben aus dem Elternhaus • Rollenspiele durch Vorgaben im Fernsehen	Rollenspiel/Geschlechtsrollen: • Mädchen • Frau • in der Identität von Tochter und Mutter • Junge • Mann • in der Identität von Sohn und Vater	Erwerb von Berechtigungen: • Fahrkartenerwerb (in Bus und Bahn etc.) • Besitzerwerb durch Einkauf • Teilnahmeberechtigungen an Veranstaltungen (Sport, Theater, Freizeit) • anlässlich Wahlen • Erwerb des Behindertenausweises	Weltgemeinschaft – Weltregierung: • UNO • UNESCO • Weltkirche/Ökumene • Weltsportverbände • Weltschutzverbände (Natur, Artenschutz: WWF, BUND etc.) • Weltwirtschaftsverbände • Welthilfsorganisationen (RK, Caritas, Amnesty International etc.)

4.11 Sachbereich »Religion – Glaube«

4.11.1 Struktur

Der Auftrag von Schule als allgemeinbildender Schule beinhaltet, das Phänomen Religion und Glaube, das in der Gesellschaft für jeden Menschen existenziell erfahrbar ist, vor dem Fragehorizont des Schülers darzustellen und Religion und Glaube als Bedeutung stiftende und Sinn tragende Elemente menschlicher Existenz auszuweisen.

Die SfGb nimmt diesen Unterrichtsauftrag als allgemeinbildende Schule ernst und versucht, ihn mit ihren didaktischen Möglichkeiten vor dem Fragehorizont des Menschen mit geistiger Behinderung und mit Hilfe seiner Wahrnehmungs-, Denk- und Handlungsmöglichkeiten zu verwirklichen. Im Vordergrund steht dabei die Gleichheit aller Menschen in der Geschwisterlichkeit des Glaubens.

So nimmt der Unterricht seinen Ausgang von den im Jahresablauf gebotenen Gestaltungs- und Beteiligungsmöglichkeiten, von den durch Feste und Feiern gebotenen Möglichkeiten der Lebensgestaltung in der Klasse und greift mit zunehmendem Alter Fragen des Glaubens vor dem Horizont der Entwicklung und des Alters der Schüler auf. Das sind zunehmend Fragen der eigenen Geschöpflichkeit, Hinfälligkeit, Berufung, des Erhalts der Schöpfung, der Gemeinschaft aller Menschen, der Zukunftsgestaltung und der existenziellen Erlebbarkeit von Krankheit und Tod, Angst und Unsicherheit.

Die Lebensgestaltung in der Klasse, in der Schule bietet Raum für lebendige rituelle Gestaltungen und religiöse Sinnformen, bietet Glauben als positive und froh machende Lebensform an, arbeitet aber auch darauf hin, dass es sich bei der Annahme von Glaube und Religion um eine persönliche Entscheidung des Einzelnen, zur Freiheit Berufenen handelt.

Die Beteiligung der Klasse an katechetischen Aufgaben der Kirchen ist durch die Zustimmung und Mitarbeit der Eltern und Erziehungsberechtigten zu gewährleisten.

Die Gemeinde-Kirchen bieten ihrerseits auf der Grundlage ihres auch vom Glauben geforderten Integrations- und Solidaritätsauftrags Beteiligungsmöglichkeiten für die behinderten Schüler und entwickeln zusammen mit den Eltern glaubwürdige Formen der Behindertenarbeit, auch im Interesse der Kooperation zwischen Elternhaus, Schule und Kirche.

(In Anlehnung an den Grundlagenplan zum Kath. Religionsunterricht für die SfGb der Bistümer Deutschlands.)

4.11.2 Curriculum: Sachbereich »Religion – Glaube«

Vor-/Unterstufe	Mittelstufe	Oberstufe	Werkstufe

Religiöse Formen kennen lernen:
• Wir sind im Gespräch – Wir reden miteinander
• Anrede (Du-Ich-Wir) – Dialog
• Gebet als Sprechen mit Gott (Wer ist der Gott?)
• Feier – liturgische Feier
• Gottesdienst als Kindergottesdienst – Klassen- oder Stufengottesdienst
• Prozession (Fronleichnam etc.) – Wir sind unterwegs
	Religiöse Formen kennen lernen:
	• Die Schule bietet im Jahresablauf mit seinen kirchlichen Hochfesten Möglichkeiten dazu
	• Die Klasse weist Möglichkeiten in der Tages- und Wochenstruktur aus
	• Die Klasse arbeitet mit anderen Klassen zusammen
	  • auf der Ebene der Stufe
	  • auf der Ebene der Schule
		Religiöse Formen im Alltag, im Kirchenjahr ausüben:
		• Planung von Gottesdiensten und Feiern in der Klasse, auf der Ebene der Stufe
		• Planerische Belegung von religiösen Fixpunkten im Tages- und Wochenablauf
		• Stille, Meditation als religiöse Vertiefung erleben
			Selbstständiges Handeln im Glauben und aus dem Glauben heraus durch:
			• Gebet/Lied/Psalm/Spruch/Meditation
			• Gottesdienst
			• Sakramentenempfang
			• Gemeindeleben
			• Formen der Nächstenliebe
			  • z. B. in der Krankenpflege
			  • z. B. in der Altenhilfe

• Kirchgang: Angebote der Gemeinde • Lied als religiöses Lied – Teil des Gebetes – der Feier			• z. B. in der Unterstützung armer Menschen • z. B. in der Hilfe behinderter Menschen – Hilfeformen als Vernetzungen

Rituale einüben:
• im Alltag der Klasse:
  • z. B. Morgengebet
  • z. B. Tischgebet
  • Bitt- und Dankgebet aus besonderen Anlässen
• Zeichen des Gebetes:
  • Kreuzzeichen (kath.)
  • Gebetsformen – Körperformen
  • Stille/Andacht als andächtig sein
	Rituale einüben:
	• auf der Ebene der Stufe als gemeinsame religiöse Feiern und Gottesdienste
	• Weiterführung begonnener Formen religiöser Sinnfindung
	...auch im Raum der Kirche, Heimat-Gemeinde
		Leben aus dem Glauben:
		• gegenüber Gott auf der Grundlage eines tragfähigen Gottesbildes
		• gegenüber dem Nächsten als Einzelnem, als Gemeinschaft (Solidarität/Nächstenliebe) auf der Grundlage biblischer Forderungen und kirchlich-religiöser Auslegungen
		• gegenüber sich selbst als Geschöpf Gottes – als Schwester/Bruder
			Medien/Darstellungen des Glaubenslebens in der Alltagswelt erfahren:
			• Gebete/Psalmen/ Sprüche in Feiern
			• Religiöse Lieder am Tag
			• Texte aus der Bibel zur Meditation
			• Religiöse Tanzformen im Gottesdienst
			• Multikulturelle religiöse Begegnungen im Stadtteil/überörtlich
			• Kirchenmusik (Orgel)
			• Religiöses Musical

Konfessionsverschiedene Formen religiöser/kirchlicher Sozialisation anbieten:
• Sakramentenempfang (Taufe/ Kommunion)
• Mitgliedschaft in der Gemeinde
• Teilnahme an Gemeindefeiern – auch als Integrationsaufgabe
	Konfessionsverschiedene Formen religiöser/kirchlicher Sozialisation:
	• Kennenlernen religiösen Brauchtums
	• Jugendarbeit in Schule und Gemeinde
	• Multikultur im religiösen Brauchtum verschiedener Glaubensformen
		Leben aus dem Glauben:
		• gegenüber sich selbst: Anspruch – Anforderung
		• Lebensgestaltung im Glaubensleben
		  • Selbstwert
		  • Selbstbestimmung – Fremdbestimmung
		  • Freiheit der Kinder Gottes
			Gemeinsame Gestaltung von Glaubensleben:
			• Vorbereitung eines Wort-Gottesdienstes
			• einer Sakramentenfeier
			• einer ökumenischen Feier
			• einer Feier im Jahreskreis
			• einer Feier aus besonderem Anlass: Schulentlassung

Communio – Tischgemeinschaft der Klasse, der Familie, der Menschen:
• Communio als Tischgemeinschaft beim Festmahl, bei der Feier
• Communio als Gemeinsamkeit im Erleben von Freud und Leid
• Communio als Gemeinschaft im religiösen Spiel und Tanz
• Communio als Brotbrechen miteinander, mit Gästen, mit fremden Menschen
• Communio als Zeichen der Versöhnung
	Gemeinde kennen lernen:
	• Kirche als Haus Gottes
	  • Kirchenraum
	  • Altarraum
	  • Seitenaltäre
	  • Bilder/Fresken/Glasfenster
	  • Orgeltribüne
	  • Gebetsnischen mit Kerzen
	  • Kirchturm
	• Pastor/Pfarrer als Leiter der Gemeinde
	• Friedhof
	• Gemeindecaritas/Diakonie
	• Jugendarbeit
	• Gemeindehaus
	• Gemeindeleben
	• Betreuung in Ferien
	• Teilnahme an Veranstaltungen der Gemeinde (kirchl. Integration)
		Aktiv am Gemeindeleben teilnehmen:
		• Der Schüler als Mitglied der Gemeinde im Gottesdienst
		• Der Schüler als Teilnehmer an gemeindlichen Aktivitäten
		• Der Schüler und seine Teilnahme an altersgleichen Aktivitäten in der Gemeinde
		• Der behinderte Schüler und seine Familie/Wohngemeinschaft als Teil der Gemeinde
		• Der behinderte Schüler und seine Teilnahme an Aktionen außerhalb der Gemeinde:
		  • Kirchentag
		  • Katholikentag
		  • Begegnungen in Taizé etc.
		  • Pilgerfahrten
			Besondere Lerninhalte:
			• Ich – Selbst – Identität
			• Ich als behinderter Mensch
			• Ich – Du – Partnerschaft (Gemeinschaft/Partnerschaft)
			• Wir als Gemeinschaft der Gläubigen, Behinderten und Nicht-Behinderten, Menschen überhaupt
			• Netzwerk bilden mit Gleichgesinnten (Selbsthilfe)
			• Kirchengeschichte als Geschichte von gläubigen Menschen in der Zeit: (Heilige, Kreuzzüge, Entstehung von Festen etc.)

Kommunion als Katechese vonseiten der Schule unter Einbezug der Eltern: • Kommunion als Katechese vonseiten der zuständigen Gemeinde ohne oder mit Beteiligung der Klasse/der Schule • als Feier der Gemeinde oder als Feier der Schule	Besondere Lerninhalte: • Kirche als Haus Gottes • Mensch und Schöpfung • Mensch und Sünde/das Böse • Mensch und Erlösung des Menschen • Mensch und Weltgemeinschaft • Verbindung mit Gemeinden in der Welt (Mission/Universalität des Glaubens)	Firmung/Konfirmation: • Freie Entscheidung • Vorbereitung • Elternarbeit • Feier • Nachbereitung • Aktivierung bei unterschiedlichen Anlässen	Glaube und Welt: • Kirchen/Religionen in Teilen der Welt • Gemeinsamkeiten und Unterschiede (Religionen) • Glaubende und Nichtglaubende (auf der Basis von Humanitas) • Papsttum und Universalkirche • Glaube in unterschiedlich strukturierten Gemeinschaften

Feste/Feiern im Kirchenjahr:
• Ernte-Dank
• Franziskus, Barbara, Elisabeth
• St. Martin
• Marienverehrung
• Allerheiligen/ Allerseelen
• Nikolaus
• Namenstage der Schüler/der Schule (?)
• Buß- und Bettag
• Advent
• Weihnachten
• Karneval/Fastenzeit
• Ostern/Karwoche/ Kartage
• Pfingsten
• Einführung in entsprechendes Brauchtum
	Feste und Feiern im Kirchenjahr:
	• Beteiligungsmöglichkeiten in und mit der Gemeinde des Schulortes
	• Beteiligungen mit anderen Schulen am Ort
		Andere Glaubensformen von Religionen:
		• Was glauben die Anderen:
		  • in der Familie
		  • in der Nachbarschaft
		  • in der Ortsgemeinde
		  • in der Welt?
		• Wer erklärt mir die anderen Glaubensformen?
		  • Wie kann ich das verstehen?
		  • Wo liegen meine Erfahrungsmöglichkeiten?
			Ökumene:
			• Einheit der Glaubenden
			• Armut und handelnder Glaube
			• Reichtum und Verpflichtung
			• Ein neuer Himmel und eine neue Erde (Visionen/ Paradies)
			• Perspektiven im Glauben des Einzelnen, der Glaubensgemeinschaft: Berufung – Pilgerschaft – Versagen/ Versöhnung

Religiöses Spiel einüben:
• biblische Szenen
  • z. B. Schöpfungsbericht
  • z. B. Berufungen
  • z. B. Wunder- und Heilungsberichte
  • z. B. Totenerweckung
  • z. B. Gleichnishandlung
  • z. B. Stationen aus dem Leben Jesu
  • z. B. Stationen aus dem Leben von Heiligen, wichtigen Personen im AT/in NT/in der Region/im Land
	Arbeit mit Texten der Bibel in Bild und Wort, auf allen »sinnlichen« Ebenen:
	• enaktiv
	• ikonisch
	• sprachlich-symbolisch
	• bildnerisch-gestaltend als Bildergeschichten
	• Klanggeschichten
	• Weggeschichten
		Schöpfung und deren Erhaltung:
		• Geschöpf als Materie/Pflanze/Tier/ Mensch
		• Schöpfung als Angebot des Schöpfers an den Menschen
		• Schöpfung und Erlösung als Einheit im Glauben
		• Schöpfung und ihre Vollkommenheit
		• Schöpfung in der Entwicklung
		• Schöpfung und ihre Destruktion
		• Wunder und Elend der Schöpfung
		• Sich erhaltende und sich fortsetzende Schöpfung
			Welt – Weltethos – Religion – Humanität:
			• Menschen vereinen sich global – im gemeinsamen Glauben
			  • in gemeinsamen Aktionen (Brot für die Welt/Adveniat/Misereor, Cap Anamur, Welthungerhilfe etc.)
			  • in gemeinsamen Werthaltungen am Beispiel der Seligpreisungen
			• Menschen gehen tolerant miteinander um
			• Menschen wehren sich gemeinsam gegen Krieg, Not, Verbrechen, Ungerechtigkeit, Hunger und Durst

4.12 Sachbereich: »Liebe – Partnerschaft – Sexualität«

4.12.1 Struktur

Der Mensch ist Geschlechtswesen von der Geburt an. Alle Wandlungen im physischen und psychischen Bereich macht in der Regel auch der geistigbehinderte Mensch durch.

Seine geschlechtsspezifische Akzeptanz durch die Eltern steht oft unter dem Vorbehalt seiner Behinderung. Die Auseinandersetzung der Eltern mit ihm in der Pubertät und Adoleszenz löst bei den Eltern oft zwiespältige Gefühle aus. Es finden Formen von Zwang und versteckter Bevormundung statt, die seinem Lebens- und Selbstverwirklichungsanspruch nicht gerecht werden. Deshalb muss ihn SfGb von Anfang an als Geschlechtswesen ernst nehmen und die Eltern als Partner in die zunehmende Gestaltung von Sexualität als Bildungsauftrag einbeziehen. Der Auftrag der Schule kann nur in enger Kooperation mit dem Elternhaus/Wohnheim wahrgenommen werden. Eine eher selbstbestimmte Lebensform führt bei den Eltern oder bei der Assistenz zu verstehbaren Befürchtungen, vor allem, wenn ein Kinderwunsch geäußert wird. Gerade das Zulassen eigener Erfahrungen und die Gestaltung intimer Freiräume schaffen eine Atmosphäre der Offenheit, die er zur Mit- und Selbstgestaltung seines Lebens benötigt. Da der geistigbehinderte Mensch gerade auch in diesem Bereich, der Sexualität, vielen Gefahren, vor allem des Missbrauchs, ausgesetzt ist, gilt es vonseiten der Eltern und der Schule, Schutzräume zu schaffen und geeignete Abwehrstrategien zu entwickeln.

Die Zukunftsgestaltung muss auch für ihn als offen dargestellt werden und darf sich nicht – vor allem im sexuellen Bereich – auf Isolierungen/Abgrenzungen/Verbote fixieren. Die Vermittlung größtmöglicher Selbstbestimmung und notwendiger, Einsicht vermittelnder Fremdbestimmung muss Raum für Gestaltung und Eigenverantwortung offen lassen.

Normalität des Lebens, des Zusammenlebens schafft dabei die besten Voraussetzungen für eine künftige und zufriedenstellende Lebensgestaltung.

Von Anfang an zielt die Erziehung darauf ab, die Persönlichkeit des Schülers zu festigen, seine soziale Einbettung in die Klasse, Gruppe, Gemeinschaft zu sichern, Körperlichkeit als selbstverständliche Akzeptanz der Person zu bestimmen und das Gefühlsleben in der Beziehungnahme zu anderen Personen zu beachten und auf der Ebene von Partnerschaften und Gemeinsamkeiten zu bestärken.

4.12.2 Curriculum: Sachbereich »Liebe – Partnerschaft – Sexualität«

Vor-/Unterstufe	Mittelstufe	Oberstufe	Werkstufe
Soziale Strukturen stellen sich in der Klassengemeinschaft dar: »Ego – ICH« – »Alter – DU« – Klasse – Gruppe als »WIR« – Partner – Kinder – Erwachsene – Senioren	Soziale Strukturen in der Klassengemeinschaft festigen: • in Partnerbeziehungen • in der Gruppe als Klein- und Großgruppe • in nicht-strukturierten Gruppen	Identität feststellen: • Ich mag mich so, wie ich bin! • Du magst mich so, wie ich bin! • Wir mögen uns so, wie wir sind!	Informationen über Formen sexuellen Umgangs miteinander: • heterosexuelle Formen • bisexuelle Formen • homosexuelle Formen
Festigung von Sozialstrukturen durch täglichen Umgang • in Kleingruppen • mit unterschiedlichen, • auch frei gewählten Partnern • mit vorgegebenen Partnern	Anbahnung und Festigung von Sozialkontakten: • zu anderen Gruppierungen • zu anderen Personen • in der Schule (Nachbarklassen, Partnerklassen) • am Ort • in anderen Schulen • in anderen Gemeinschaften	Wachstum und Entwicklung: • des Menschen • des Körpers • der primären • und sekundären Geschlechtsmerkmale	Meine Gefühle für Menschen, die ich liebe: • Über Gefühle kann ich sprechen • Ich kann Akzeptanz oder auch Ablehnung erfahren • Ich darf Gefühle mitteilen • Gefühle können freudvoll und auch schmerzhaft sein
Liebe als Solidarität und Nächstenliebe im Umgang miteinander erfahren: • Helfen – Hilfe geben/Hilfe empfangen • Unterstützung schwächerer Mitschüler • Beistehen in Notsituationen	Freundschaften außerhalb der Klasse ermöglichen und stützen: • durch entsprechende Spielangebote • durch Freizeitgestaltung • durch gemeinsame Aktivitäten	Akzeptanz meiner Behinderung: • in der Eigenperspektive: Ich bin WER! – Selbstwert! • in der Fremdperspektive: Du kannst WAS! Du bist Wer! • durch Selbstdarstellung: Ich! • durch Fremddarstellung: Du! • durch Fremdwahrnehmung: Mensch wie Du und Ich!	Lebensgemeinschaft zwischen Mann und Frau: • Ehe/Lebensgemeinschaft • Gemeinschaft auf Zeit • Familie (mit Kind) • Partnerschaft • Wohngemeinschaft • Gemeinschaft am Arbeitsplatz • Gemeinschaft in der Freizeit/im Urlaub

Hilfe empfangen und Hilfe annehmen können in alltäglichen Situationen: • der Pflege • der Versorgung • der Betreuung	Mein Körper: • Zeigen und benennen der Körperteile • ...der Geschlechtsteile • Identifikation mit dem eigenen Geschlecht	Liebe und Zärtlichkeit als Wege zur Partnerschaft kennen lernen: • zweigeschlechtlich • gleichgeschlechtlich • altersbezogen	Wohngemeinschaft zwischen Frauen und Männern • in selbstgewählten Lebensformen • in fremdbestimmten Lebensformen
Hygiene und Sauberkeit erfahren: • im Bereich der Körperpflege • im Bereich der Nahrungsaufnahme • in Lern- und Spielsituationen • drinnen und draußen	Mein Körper: Funktionen des Körpers als Beiträge zur Lebenserhaltung kennen lernen: • z. B. atmen • z. B. Speisen und Getränke aufnehmen und verarbeiten • z. B. ruhen – schlafen	Beziehungen aufbauen und erhalten: • in der Klassengemeinschaft • in der Schulgemeinschaft • durch Aktivitäten in der Gemeinde • durch Aktivitäten in der Freizeit/im Sport/im Spiel	Im Zusammenhang: • Zeugung/Verhütung • Schwangerschaft • Geburt • Pflege und Versorgung von Kindern • Pflege und Versorgung von behinderten Kindern
Wahrnehmen geschlechtsspezifischer Unterschiede: • bei Mädchen und Jungen • bei Frauen und Männern • in typischer Kleidung • in typischen Darstellungsweisen • in typischen Umgangsformen	Wahrnehmen und richtiges Benennen geschlechtsspezifischer Unterschiede: • bei Mädchen und Jungen • bei Frauen und Männern • in Kleidung • in Darstellung • in geschlechtsspezifischen Verhaltensweisen	Missbrauch und Gewalt: • Schutz durch Distanz • Schutz durch Offenheit/Sichoffenbaren • Schutz durch Rückzug in die Gemeinschaft • Schutz durch Hilfe von außen	Identitätsfindung als behinderter Erwachsener: • Normen der Gesellschaft • Akzeptanz von Normen • Infragestellung der Normen • Richtschnur/Maximen als Verhaltenskodex • Gleicher unter Gleichen • Fremder unter Fremden
• Freundschaften anbahnen • Freundschaften erhalten und stützen • Erfahrungen mit Freundinnen/Freunden verarbeiten	Schwangerschaft und Geburt anlässlich solcher Ereignisse: • in der Familie • in Verwandtschaft • in anderen Zusammenhängen	»Ich mache mich schön«: • durch modische Kleidung • durch Make-up • durch Haar- und Körperpflege • durch eigenen Stil	»Ich mache mich schön«: • Modezeitschriften • Beilagen in Zeitungen • Filme und Fernsehen ...geben mir Einblick in Trends für die Saison/Jahreszeit und beraten mich

Sozial akzeptierte Verhaltensmuster kennen lernen: • im Umgang miteinander • mit Erwachsenen	Körperliche Distanz wahren bei fremden Menschen – Einübungsmuster lernen und spielerisch anwenden	Nähe und Distanz als Erklärungs- und Handlungsmuster für den Grad der Bekanntschaft/Fremdheit unter Menschen	Auf der Suche nach einem Partner: • Möglichkeiten • Grenzen/Hindernisse • Hilfe – Beratung – Betreuung
Maßnahmen zum Schutz vor sexuellem Missbrauch: • Umgang mit bekannten Menschen zulassen • Fremde Menschen meiden	Körperliche Nähe außerhalb der Familie/Wohngemeinschaft zulassen • bei Freundinnen/ Freunden • bei von den Eltern/Erziehern und zugelassenen Personen	Von Sexualität als Erlebnismöglichkeiten erfahren und Verhütungspraktiken kennen lernen	»Man kann über alles sprechen!« • Ratsuche und Beratung in Sachen Sexualität • Hilfsangebote • Intimität und Offenheit

4.13 Sachbereich: »Spiele – Spielen – Freizeit«

4.13.1 Struktur

Die Fähigkeit zum Spiel, zum Spielen, das Kennenlernen neuer Spiele, die dann in der Freizeit verfügbar sind, bilden wichtige Inhalte in der Gesamterziehung des geistigbehinderten Menschen. Die Ausbildung seiner Spielfähigkeit ermöglicht ihm, seine Umwelt zu erfahren, zu strukturieren und aktiv-handelnd zu beeinflussen. Mit den wachsenden Interessen und Fähigkeiten der Schüler gewinnt das Spiel eine immer größere Bedeutung in der Ausbildung von Sozialkontakten und in der Freizeitgestaltung. So sollte der Anspruch an die Spiel- bzw. Freizeitgestaltung von Anfang an darin bestehen, Freude und Spaß am Spiel zu vermitteln und Kompetenzen zu entwickeln., die ihn zu einer eher selbstständigen, selbstbestimmten Freizeitgestaltung »spielerisch« befähigen.

Die Einteilung der Spiele erfolgt auf der Grundlage entwicklungspsychologischer Erkenntnisse (vgl. Mogel 1999):

- Das **Funktionsspiel** lehnt sich an die ersten Stufen der Entwicklung an und hat in erster Linie für jüngere und schwerer behinderte Schüler eine Bedeutung.
- Die **Experimentierspiele** zielen auf neue Erkenntnisse von Gegenständen und ihren typischen Merkmalen ab. Für den geistigbehinderten Menschen kommt ihnen eine wichtige Bedeutung zu, da ihm dazu ver-

holfen wird, neue Realitätsausschnitte zu entdecken und auf diese Weise seinen Erfahrungs- und Erlebnishorizont zu erweitern.

- Das **frühe Symbolspiel** zielt darauf ab, erlebte Ereignisse spielerisch nachzuahmen. Es können Gegenstände spielerisch eingesetzt werden, die zu neuen Bedeutungsträgern werden. Durch aktive Einflussnahme auf das Spiel lernt der geistigbehinderter Schüler, bekannte Handlungen in ihrem Ablauf zu verändern und neu zu kombinieren. Diese Form des Spiels trägt dazu bei, seine Symbolfähigkeit und sein Abstraktionsvermögen auf grundlegende, spielerische Weise zu schulen.
- Der vielfältige, phantasievolle Umgang mit Spielmaterialien im **Konstruktionspiel**, die zu neuen Spielgegenständen kombiniert werden können oder einem veränderbaren Aufbauschema folgen, regt wichtige Prozesse der Bedeutungsfindung und -veränderung an. Dem Schüler werden darüber hinaus Einsichten und Erkenntnisse im Umgang mit Material- und Formeigenschaften vermittelt. Das angebotene Spielmaterial soll die Neugier und Spielmotivation der Schüler wecken und es ihnen ermöglichen, dabei eigene Erfahrungen zu sammeln.
- Das **Symbol- und Rollenspiel** dient zum einen der Erfahrungsbewältigung, indem typische Verhaltensmuster, Ereignisse und Erlebniswelten im Spiel bewusst gemacht werden. Durch die Umgestaltung und Überbetonung von Alltagssituationen im szenischen Spiel können sie gleichzeitig zu einer Erlebniserweiterung beitragen. Mit wachsenden Fähigkeiten der Schüler zur Selbstreflexion können sie im Bereich der Ober- und Werkstufe der kritischen Auseinandersetzung mit typischen Verhaltensmustern dienen und zur Konfliktbewältigung eingesetzt werden. Beim Theaterspiel wird schließlich dem geistigbehinderten Schüler ermöglicht, Wertschätzung zu erleben, eigene Talente zu entdecken und weiter zu entwickeln.
- Im **Regelspiel** ordnen Spielregeln den Ablauf und die Dauer des Spiels. Im zunehmenden Alter lernt der Mensch, diese zu verändern und damit Spielräume zu erweitern. Sowohl der Spielverlauf als auch der Spielausgang rufen oft eine Vielzahl an Emotionen hervor und stellen somit eine Form der Erlebniserweiterung in entspannter Atmosphäre dar. Durch ihre große Wirklichkeitsadaption kommt insbesondere den Simulations-, Abenteuer- und verschiedenen Sportspielen eine besondere Bedeutung zu. Sie bieten viele Handlungsmöglichkeiten und ermöglichen den Schülern ein stark erlebnisorientiertes Lernen.

Der Sachbereich »Spiele – Spielen – Freizeit« berührt zwei wichtige Angebote der Schule:

- Freizeitgestaltung innerhalb des Schullebens,
- Spielangebote als Unterrichtsinhalte innerhalb der Klasse, der Stufe, der Schule im Rahmen der Freizeiterziehung.

Dabei müssen die Angebote den unterschiedlichen Interessen der Altersgruppe angepasst werden und im steten Zusammenhang von Freizeitverhalten gleichaltriger Kinder und Jugendlicher betrachtet werden. Modische Erscheinungen und Trends spielen bei der Auswahl von Angeboten eine große Rolle. Mit zunehmendem Alter gewinnen dabei die Medien (vgl. Sachbereich »Medien«) an Bedeutung und machen eine kritische Sichtweise erforderlich.

4.13.2 Curriculum: Sachbereich »Spiele – Spielen – Freizeit«

Vor-/Unterstufe:	Mittelstufe	Oberstufe	Werkstufe
Funktionsspiele: • auf den Körper bezogene Spiele: • zur Entdeckung von Körperteilen • zur Wahrnehmung sensorischer Ereignisse • zum Erleben des Körpers in Bewegung: z. B.: Körpermassagen, Kimspiele, Klatsch- und Fingerspiele • zur Erprobung von Bewegungsarten den Körper spielerisch bewegen zur Entdeckung und Erprobung neuer Bewegungsmuster: z. B. Bewegungslieder im Morgenkreis, Versteckspiele	Fortsetzung der Inhalte aus der Vor- und Unterstufe	Der Bereich der Funktionsspiele hat in der Ober- und Werkstufe lediglich im Rahmen der Förderung schwerstbehinderter Schüler Relevanz	

Experimentierspiele: • mit Gegenständen und Materialien spielerisch umgehen und experimentieren • mit ihnen bestimmte Handlungsmöglichkeiten verknüpfen und erproben • funktionale Einheiten von Gegenständen erkennen, z. B. auf dem Bauteppich, im Sandkasten, z. B. mit dem Spielauto, dem Puppenwagen, dem Dreirad, dem Roller • Experimentierfelder mit unterschiedlichen Materialangeboten (Papier, Kartons, Wasser, Säcke etc.) • Erlebnisspiele in der Natur, z. B. als unstrukturierte Wahrnehmungserlebnisse, als Klangerlebnisse von Alltagsgeräuschen, Instrumenten • Spiele mit der Sprache, z. B. Quasselwortspiele	z. B. auf der Spielwiese • z. B. auf dem Spielplatz • z. B. auf der Bewegungsbaustelle • z. B. mit Inlinern, mit dem Fahrrad • Rohre, Holzstäbe, Bretter • Ton	im spielerischen Umgang physikalische Gesetzmäßigkeiten erkunden: • beim Experimentieren Merkmalsdifferenzen zwischen physikalisch unterschiedlichen Gegenständen erkennen • z. B. mit Experimentierkästen, durch themenbezogene Angebote • z. B. mit dem Skateboard • Erlebnis- und Geländespiele bei Wanderungen, Klettertouren • Objekterkundungen mit Fotoapparat und Videokamera	Erforschen/Entdecken: • bei Begehungen von Höhlen • bei Wanderungen • bei Nachtwanderungen • bei Kanufahrten auf dem Fluss, See • bei Klettertouren im Gebirge
Frühe Symbolspiele: Ereignisse in ersten Rollenspielen: • unmittelbar nach dem Vormachen oder aus der Vorstellung nachahmen, z. B. Fahrt mit dem Schulbus, mit dem Schiff, Kuchenbacken im Sand etc.	Symbolspiele: • z. B. Einkaufsspiele • z. B. Besuch beim Arzt • z. B. Besuch beim Therapeuten • z. B. Besuch im Zoo		

• mit Gegenständen agieren und ihnen eine andere Bedeutung geben, z. B. Stock zum Zauberstab, Sandförmchen zur Backform, Stuhl zum Auto, Teller zum Lenkrad, Dreirad zum Auto • bekannte Handlungen zu einer Geschichte verknüpfen und dabei gezielt Gegenstände als Darstellungsobjekte umbenennen, z. B. »Die Puppe ist krank!« – »Der Teddy hat Hunger!« – »Ich kann zaubern!«			
Konstruktionsspiele: • Zusammensetzen eines Gegenstands aus Einzelteilen oder aus verschiedenen Materialien, z. B. aus großen Holzbausteinen aus Schaumstoffsteinen, aus Duplo-Steinen, aus Bausteinen, Holzpuzzles, Puzzlespiel mit einer überschaubaren Anzahl von Einzelteilen • zielgerichtetes Bauen eines Gegenstands oder eines Sachbereichs, der Bedeutung erhält: z. B. ein Turm so hoch wie der Tisch, eine Straße so lang wie ein Klassenzimmer	Konstruktionsspiele: • z. B. Lego, Playmobil, Stabilo, Puzzlespiele mit wachsender Anzahl der Einzelteile • z. B. eine Stadt, ein Dorf, das Schulgelände	Konstruktionsspiele: • z. B. Fischertechnik, schwierige Puzzlespiele, Technikbausätze • nach einem Plan bauen und Materialien zusammensetzen, z. B. eine Maschine, ein Spielgerät	Konstruktionsspiele: • z. B. Technikbausätze • Spielgeräte und Materialien selbst entwerfen und gestalten • Spielgeräte reparieren, z. B. Fahrradwerkstatt

Ausdifferenzierte Symbol- und Rollenspiele: • einfache Rollen von Menschen und Tieren mit typischen Verhaltensmustern kennen lernen und im Spiel übernehmen, z. B. Eltern-Spiel (Vater – Mutter), Prinz – Prinzessin, »Ein Tag auf dem Bauernhof«, »Ein Tag im Zirkus« • einfache Bilderbuchgeschichten kennen lernen und im szenischen Spiel nachspielen • sich an der Aufführung von Spielsequenzen im Rahmen der Klasse oder an Klassen übergreifenden Angeboten beteiligen • den Inhalt einer Handlung oder Geschichte mit Spielpuppen nachspielen	Ausdifferenzierte Symbol- und Rollenspiele: • erlebte Situationen im Rollenspiel nachspielen, z. B. Konfliktspiele, Einkauf – Verkauf, Unterricht in der Schule, Behandlung beim Arzt, beim Therapeuten etc. • im szenischen Spiel Rollen übernehmen und gestalten • sich dabei in den Handlungsablauf einordnen	Ausdifferenzierte Symbol- und Rollenspiele: • Rollen im Spiel reflektieren und Alternativen entwickeln, z. B. Berufsrollen • Im Rollenspiel Konflikte lösen • Spiele zur Entdeckung von anderen Ländern und Kulturen, z. B. »Die Römer«, »Die Indianer«etc. • sich im szenischen Spiel an der Entwicklung von Spielszenen aktiv-gestalterisch beteiligen • Nachspielen von bekannten Singspielen und Musicalszenen oder komplexen Theaterstücken	Ausdifferenzierte Symbol- und Rollenspiele: • themengerichtete Rollenspiele • z. B. »Auf eigenen Füßen« • z. B. »Ausländer« • z. B. »Fremde« • z. B. »Behinderte« • z. B. »Erwachsene« • z. B. »WfbM«
Regelspiele: • Kennenlernen und Einüben einfacher Spielregeln, z. B. Reihenfolge einhalten, Partnerrolle übernehmen, Siegerrolle, Verliererrolle spielen, Auswahl eines Spielpartners • einen ordnungsgemäßen Umgang mit Spielmaterialien einüben	Regelspiele: • Kennenlernen komplexerer Spielregeln, z. B. • ein größeres Verständnis für Gewinner- und Verliererrollen entwickeln • Brettspiel mit dem Würfel, z. B. Mensch-ärgere-dich-nicht, Hase und Igel, Junior-Monopoly	Regelspiele:	Regelspiele:

Zum Einüben einfacher Regeln eignen sich:
• Lern- und Denkspiele
  • zur Farbwahrnehmung, z. B. Quips, Twix, Brettspiele mit Farbwürfeln
  • zur Formwahrnehmung, z. B. Memory, Lotto, Kimspiele
• einfache Brettspiele mit dem Würfel in begrenzten Zahlenräumen
  • zur Förderung der Kooperation, z. B. Obstgarten
  • zur Förderung der Koordination, z. B. Boccia, Kegeln
• Computerspiele, z. B. Löwenzahn, Budenberg, Oskar der Ballonfahrer
• Bewegungsspiele, z. B. Plumpsack, Die Reise nach Jerusalem, Fischer-Fischer
• Ballspiele, z. B. Werfen – Fangen, Abwerfen, Ball-über-die-Schnur
• Wettspiele, z. B. Staffellauf
• Transportstaffellauf
• Abenteuerspiele,
	Zum Einüben einfacher Regeln eignen sich:
	• Kartenspiele, z. B. Uno, Elfer-raus
	• z. B. Abenteuerinsel
	• z. B. Mikado, Tischfußball, Labyrinth
	• z. B. Völkerball, Hase und Jäger, Fußball, Tischtennis etc.
	• z. B. Geschicklichkeitsralley
		Zum Einüben einfacher Regeln eignen sich:
		• Spielregel durchschauen und verändern
		• neue Regeln entwickeln und anwenden
		• Brettspiele, die strategisches und logisches Handeln erfordern, z. B. Mühle, Halma, Dame etc.
		• Kartenspiele, z. B. Rommee, Canasta
		• z. B. Carrom
		• z. B. Partyspiele, Tanzspiele
		• z. B. Fußball, Basketball, Prellball, Hockey
		• z. B. Spielturnier, Spielolympiade
			Zum Einüben einfacher Regeln eignen sich:
			• z. B. Spielturnier
			• z. B. Olympiade

Nutzen von Spielräumen: • Pausen und Lernphasen unterscheiden	Nutzen von Spielräumen: • An der Umgestaltung von Spielräumen mitwirken	Nutzen von Spielräumen: • Freizeitbereiche außerhalb der Schule aufsuchen und nutzen:	Nutzen von Spielräumen: • Einrichten eines eigenen Freizeitraums

• Die Bereiche der Klasse in ihren Funktionen unterscheiden • Spielbereiche außerhalb der Klasse kennen lernen	• z. B. Klassenraum zum Spielraum umfunktionieren • z. B. Schulhof zum Spielraum unfunktionieren	• z. B. Besuch von Sportveranstaltungen • z. B. Besuch von Diskos	• Einrichten einer Spielothek • Organisation einer Diskothek

4.14 Sachbereich: »Technik«

4.14.1 Struktur

Die Alltagswelt ist im starken Maße technisiert. Technik hat mittlerweile in alle wichtigen Bereiche (Versorgung, Freizeit, Verkehr etc.) massiv Einzug gehalten. Hinzu kommt durch den vermehrten Einbau von Computertechnik als Steuertechnik die Schwierigkeit, Ablaufvollzüge noch zu verstehen und einsichtig machen zu können. Geistigbehinderte Menschen nutzen die Technik in ihrem Alltag wie andere Menschen auch und sind gleichermaßen davon abhängig. Wenn Selbstständigkeitserziehung und Inanspruchnahme von Freiheit als Leitziele deklariert werden, hat die Schule den Auftrag, die sinnvolle Einführung in die hoch technisierte Umwelt von der Vor-/Unterstufe an als Lernauftrag im Unterricht und in ihrem Alltag in der Schule zu gestalten und entsprechende Nutzungsmöglichkeiten und Gefahrenvermeidungstrategien in ihrem Lern- und Lebensfeld anzubieten. Mit fortschreitender Einsichtsfähigkeit steht die Aufgabe im Vordergrund, technische Vorgänge der Alltagswelt in ihrem Ablauf und in ihrer Nutzung anforderungsgerecht zu lernen und solche Lernvollzüge in den Alltag der Schüler zu integrieren. Der Zusammenhang von Nutzung, Geld- und Zeitaufwand ist dabei besonders zu beachten.

Die Nutzung von Technik im Bereich der Arbeitslehre stellt hohe Anforderungen an die Schule und unterliegt im Rahmen der Berufsvorbereitung besonderen Anforderungen. Technik unter dem Gesichtspunkt von Nutzung und Kompetenz im Alltag, in der Freizeit und im Beruf unterliegt ständigen Fortschritten und stellt deshalb an das Lernvermögen der geistigbehinderten Menschen besondere Anforderungen, deren Bewältigung eher darauf abzielt, Lernstrategien als bloßen Umgang zu vermitteln.

4.14.2 Curriculum: Sachbereich »Technik«

Vor-/Unterstufe	Mittelstufe	Oberstufe	Werkstufe

Kindgerechter Umgang mit technischen Geräten in der Klasse:
• Bedürfnis/Angebot
• Umgang mit:
  • Anschluss
  • Betriebsanleitung
  • In-Betrieb-Nahme
  • Service bei Reparaturen
	Umgang mit technischen Geräten:
	• im Unterricht
	• im Fachunterricht
	  • z. B. in der Lehrküche
	  • z. B. in den Werkräumen
	  • z. B. beim Sport
		Umgang mit technischen Geräten und dessen Festigung:
		• Technik im Haushalt
		• Technik des Automaten
		• Technik im Kaufhaus
		• Technik beim Sport/Spiel und in der Freizeit
		• Technik im Garten
			Kompetenz: Umgang mit technischen Geräten des Haushalts betreffs Reinigung:
			• Gefrierschrank
			• Kühlschrank
			• Mikrowelle
			• Herd/Backofen
			• Ablüfter
			• Spülmaschine

Speziell für Radio/Kassettenrekorder:
• Bedürfnis
• Erwartung
• sachgerechte Nutzung
• Aufbewahrung
• Ausleihe
	Technik erleichtert dem Menschen:
	• die Arbeit
	• den Transport
	• die Heilung bei Krankheit
	• das Heben
	• das Ziehen und Schieben
	• das Pressen und Drücken
		Besichtigung von technischen Einrichtungen:
		• Schiffshebewerk
		• Zeche
		• Klärwerk
		• Autowerkstatt
			Praktikum in der Werkstatt (WfbM):
			• typische technische Produktionsweisen kennen lernen
			• Einbezug in technische Arbeitsvorgänge:
			  • z. B. beim Weben
			  • z. B. bei der Montage

Speziell für Fernseher:
• Nutzung in der Familie
• Nutzung in der Klasse
• Nutzung in der Schule
• Nutzung im Kinderzimmer
	Das Fahrrad und seine Technik:
	• Fortbewegung
	• Verkehrsgerechte Sicherheit
	• Bequemlichkeit
	• sportliche Betätigung
	• ökologische Nutzung
		Schüler eröffnen einen Fahrradreparaturbetrieb:
		• Wir lernen die Reparatur eines Schlauches
		• Wir lernen das Auswechseln und Säubern eines Rades
		• Wir lernen das Auswechseln des Sattels
		• Wir lernen das Auswechseln des Lenkers
		• Wir überprüfen die Lichtleitungen und Birnen
			Fortsetzung: Besichtigung technischer Einrichtungen durch
			• Betriebserkundungen
			• Tagesausflüge
			• Projektarbeit
			Das Flugzeug:
			  • Wieso hebt das Flugzeug vom Boden ab?
			  • Warum bleibt das Flugzeug in der Luft?
			Das Schiff:
			  • Warum geht es nicht unter?
			  • Warum trägt es große Lasten?

Kühlschrank und seine Nutzung: • z. B. in der Klasse • z. B. in der Lehrküche • z. B. in der Spülküche Kaffeemaschine und ihre Nutzung: • z. B. in der Klasse	Das Auto und wie es funktioniert: • Es bewegt sich fort • Es ist zu lenken • Es fährt vorwärts und rückwärts • Es kann beleuchten • Es hat eine Antriebskraft • Es ist gut gefedert • Es bietet Sicherheit	Schüler stellen Produkte (Saft/Backwaren) her: Besondere Verfahren zur Herstellung von: • Säften • Mixgetränken • Backwaren: Brot, Steinofenbrot • Speiseeis	Schrittweiser Aufbau einfacher technischer Verfahrensweisen: • Waschvorgang im Bereich der Wäschepflege • Spülvorgang bei der Spülmaschine • Kaffeezubereitung mit der Kaffee-/Espresso-Maschine

Computer in der Klasse:
• Standardnutzung:
  • Betriebsbereitschaft herstellen
  • Programm (Lernen, Spielen etc.) nutzen
  • aus dem Programm gehen
  • Abstellen
• Beachtung von...
• Vermeidung von...
	Der Strom:
	• Strom kommt aus der Steckdose/Batterie
	• Strom sorgt für Licht
	• Strom wird durch den Schalter unterbrochen
	• Strom ist gefährlich!
	• Strom gilt als Antriebskraft für:
	  • Klingel
	  • Motoren
	  • Mixer
		Technik als Verfahrensweise in der Nutzung:
		• vom Schaf zur Wolle
		• vom Holz zum Papier
		• von Nüssen zu Öl
		• vom Korn zum Mehl
		• von der Biene zum Honig
		• von der Zuckerrübe zum Zucker
		• von der Milch zu Quark und Butter
		• vom Fell zum Schuh
		• vom Blech zum Kerzenständer oder Leuchter
		• von der Kaffeebohne zum Espresso
			Technik im Film anschauen:
			• z. B. in: »Titanic«
			• z. B. in »Star-Wars«
			• z. B. in »Jurassic-Parc«
			• z. B. in »Die Gladiatoren«
			• z. B. in »Orion«

Technik als sprachlich greifbares und bildlich darstellbares Umweltphänomen in normalen Alltagssituationen:
• des Verkehrs
• des Einkaufs
• der Beförderung
• des Wohnens
• der Freizeit
• des Spiels
	Leicht handhabbare technische Geräte:
	• Küchengeräte:
	  • Mixer
	  • Presse
	  • Öffner
	• Audio-/Video-Geräte
	• Computer mit Spielprogrammen
	• Computerspielzeug
	• Elektrospielauto
			Einblick in technische Verfahrensweisen zum Schutz der Umwelt:
			• Stromherstellung aus Wasser oder Wind oder Sonnenenergie (Fotovoltaik)
			• Abgasreinigung beim Auto
			• Moderne Kläranlagen, z. B. bakterielle Abwasserreinigung

			• Renaturierung von Flüssen und Bächen

Gefahrenbewusstsein bilden für:
• Umgang mit
  • Strom
  • Gas
  • Wasser
  • Leitungen, Anschlüsse
• Umgang mit Haushaltsgeräten und -maschinen:
  • als Beobachter
  • als Beteiligter bei Hilfestellung
	Gefahrenbewusstsein für Strom, laufende Maschinen u.a.m. weiterentwickeln:
	• Anschalten/ Abschalten
	• Zuleitungen/ Ableitungen
	• Hitze-/Kälteentwicklung
	• Vermeiden von Berührungen, z. B. bei Schleifmaschinen
		Energiesparen am Beispiel:
		• Heizen/Heizung
		• Autofahren
		• Beleuchten
		• Kochen und Backen
		• Rasen mähen
		• Wasserverbrauch
		• Kühlschranknutzung
		• Gefrierschranknutzung
		• Elektro-Heizgeräte
			Moderne Medizintechnik als Hilfe für den Menschen:
			• Hörgeräte
			• Sehhilfen
			• Sprechhilfen/ Sprachcomputer
			• Brutkasten bei Frühgeborenen
			• Geh- und Bewegungshilfen
			• Medizinische Eingriffe:
			  • am Herzen
			  • im Bauchraum
			  • am Bewegungsapparat
			    • Hüfte
			    • Beine
			    • Hand
			  • am Kopf

Verhältnis zur Technik nicht angstbesetzt, sondern ermutigend gestalten	Verhältnis zur Technik nicht angstbesetzt, sondern ermutigend gestalten	Verhältnis zur Technik: • sinnvolle Technik • sinnlose Technik • Ressourcen verbrauchende Technik • Umwelt verträgliche Technik	Verhältnis zur Technik: • Erwartungshaltung • Machbarkeit • Überschätzung • Unterschätzung

4.15 Sachbereich: »Arbeit«

4.15.1 Struktur

Arbeit ist ein gesellschaftlicher Beteiligungsprozess für alle Mitglieder der Gesellschaft, zielt auf die Erhaltung von Staat und Gesellschaft (Ressourcenbildung) ab, auch im Sinne der Zukunftssicherung und bietet den Beteiligten im Rahmen ihrer Kompetenzen Möglichkeiten der Selbstverwirklichung gemäß eigenen Lern- und Lebensvoraussetzungen, gemäß eigenen Vorstellungen und Möglichkeiten.

Arbeit ist ein individuelles Bedürfnis des Menschen, sich nach den Phasen der vorschulischen und schulischen Bildung, durch berufliche Ausbildung und Arbeit die Finanzierung der Lebensgrundlagen zu sichern und sich an den Kosten der Lebenssicherung (Krankheit/Alter) zu beteiligen.

Daran hat auch der geistigbehinderte Mensch teil. Deshalb wird er als Schüler von Beginn an mit dem Phänomen »Arbeit« sowohl im Bereich der unterrichtlichen und schulischen Arbeitsformen wie auch im Bereich der in der Lebenswelt vorhandenen Möglichkeiten, Notwendigkeiten und üblichen Darstellungsformen konfrontiert und gemäß eigenen Lernvoraussetzungen darin eingeführt. Der Abschluss in der Werkstufe, die eine eigene Konzeption als Abschlussstufe der SfGb entwickelt, zielt darauf ab, die Bereiche Arbeit, Wohnen, Freizeit als Bereiche eigener Selbstverwirklichung und ermöglichter Selbstbestimmung unterrichtlich auszuweisen und als Sinnmitte von Lebensgestaltung und Teilhabe in der Gemeinschaft/Gesellschaft darzustellen. Die zuvor in der Werkstufe genutzten Praktika, das Kennenlernen von Produktionsmöglichkeiten und Arbeitsprozessen dienen als Vorbereitung dazu und stimmen die Schüler darauf ein. Hier ist vonseiten der Schule weniger an eine bloße Fixierung auf die Werkstatt für behinderte Menschen, schon gar nicht an die in der Nähe der Schule gelegene, gedacht als vielmehr daran, eine Beteiligung des behinderten Menschen im Rahmen seiner Möglichkeiten und Vorstellungen zu sichern, Schlüsselqualifikationen zu erwerben und sich an neuen Formen von Arbeitsbeschaffung – auch außerhalb der Werkstatt – zu beteiligen. Behindertenspezifische und -gerechte Ausdrucksformen von gestalteter Arbeit sind nicht ausschließlich dem Leistungsdenken verpflichtet und bieten auch dem schwerstbehinderten Menschen eine Möglichkeit der Teilhabe an Arbeit im Rahmen seiner Möglichkeiten und Bedürfnisse. Die zur Zeit sich durchsetzende Zweiteilung der Werkstatt für behinderte Menschen (WfbM) in Werkstätte und Förderstätte macht nur Sinn, wenn sie dem Gedanken der Selbstverwirklichung, Teilhabe und Integration verpflichtet bleibt und WfbM als Verbundsystem und Gemeinschaft begreift, zu dem/der alle Mitglieder der WfbM unterschiedslos dazugehören. Schule als Bildungseinrichtung kann einem reinen Kostendenken nicht zustimmen. Sie wird umso mehr bemüht sein, die schwerstbehinderten Schüler in das Stufen- und Klassensystem von Schule gänzlich zu integrieren und altersgemäße Teilhabe zu ermöglichen. Der Zusammenhang von SfGb und WfbM kann nur erhalten bleiben, wenn diese Zielorientierung gewährleistet ist und der schwerstbehinderte

Mensch nicht aus bloßen Kostengründen unter dem Gesichtspunkt lebenslanger Pflege »ausgesondert« wird.

4.15.2 Curriculum: Sachbereich »Arbeit«

Vor-/Unterstufe	Mittelstufe	Oberstufe	Werkstufe

Anbahnung zeitlicher Orientierung, z. B.:
• Unterrichtsbeginn/-ende
• Tätigkeitsbeginn/-ende
• »Lesen« des Tages- und Wochenstundenplanes
• Tageszeiten benennen
• Wochenrhythmus bestimmen
• Anspannung/Entspannung
• Arbeit/Erholung/Ruhe erleben
• im Tages-/Wochenrhythmus
	Fortführung zeitlicher Orientierung:
	• Arbeit mit dem Wochenstundenplan
	• Rhythmisierung Arbeit/Erholung nach Zeitphasen (mit Signalcharakter: Schulglocke/Absprachen)
	• Zeit als Phase/Etappe
	• Zeit als Gesamtzeit
	• Zeit als Vorgabe
		Erstellung eines Zeitplans für eine Auftragsarbeit:
		• Zeitplanung im Rahmen von Vorhaben und Projektarbeit
		• Arbeit in Zeitstufen
		• Arbeit nach Zeitvorgaben:
		  • über kleinere Zeiträume
		  • über größere Zeiträume
			Einhalten zeitlicher Regeln im Arbeitsprozess:
			• Arbeitsbeginn
			• Pausenzeiten
			• Arbeitsende/Feierabend
			und in unterschiedlichen Arbeitsbereichen:
			• Hauswirtschaft
			• Technik
			• Wirtschaft

Anbahnung unterschiedlicher Formen der Zusammenarbeit:
• Partnerarbeit
• Gruppenarbeit
• Einzelarbeit mit Anleitung
• Gruppenarbeit mit Anleitung
• selbstbestimmte und fremdbestimmte Zuordnung zu Partnern und Gruppen
	Gewöhnung an unterschiedliche Formen der Zusammenarbeit:
	• Wahl der Gruppe nach eigenem Wunsch
	• Wahl gemäß Anordnung
	• arbeitsteilige Gruppenarbeit
	• arbeitsgleiche Gruppenarbeit
	• Einzelarbeit
	• Partnerarbeit
	  • bei gleichen Partnern
	  • bei wechselnden Partnern
		Schlüsselqualifikationen erwerben im Arbeitsprozess:
		• Ausdauer
		• Konzentration
		• Sauberkeit
		• Befolgen von Arbeitsanweisungen
		• Selbstständigkeit
		• intrinsische Motivation
		• extrinsische Motivation
		• Mitdenken/Mitplanen
			Arbeiten unter Berücksichtigen von Schlüsselqualifikationen:
			• altersangemessene Umgangsformen
			• Fähigkeit, eigene Bedürfnisse angemessen zu artikulieren
			• Fähigkeit, eigene Bedürfnisse zurückzustellen
			• soziale Anpassungsfähigkeit im Umgang mit Mitarbeitern, Betreuern

Einüben sachgerechter Benutzung einfacher Werkzeuge/Geräte wie: • Schere • Messer • Besteck • Klebestift/-tube • Bleistift/Kuli/Füller • Lineal	Sachgerechte Benutzung einfacher Werkzeuge/Geräte wie: • Hammer • Säge • Küchengeräte • Gartengeräte • Zeichengeräte • Spielgeräte	Benutzung von Werkzeugen und elektrischen, auch computergesteuerten Maschinen unter Anleitung: • Standbohrmaschine • Akkuschrauber • Dekupiersäge • Druckluftreiniger • Rasenmäher • Nähmaschine, teilcomputerisiert	Sammeln und Bereicherung von Erfahrungen: • in verschiedenen Arbeitsbereichen: • Produktion • Reparatur • Dienstleistung • mit verschiedenen Werkstoffen und ihnen zugehörigen Werkzeugen/Maschinen, Geräten • mit verschiedenen Produkten
Ausführen einfacher, sich wiederholender Aufträge: • mit Hilfe • unter Anleitung: z. B. gemäß Ämterplan • selbstständig: z. B. Tisch decken, Tisch abräumen, Spülen, Geschirr in den Schrank einräumen und Ordnungen einhalten	Ausführen von Aufträgen unter Beteiligung der Schüler mit Werkzeugen/Geräten gemäß: • Planung • Ausführung • Bewertung • z. B. im Schulgarten • z. B. im Tierhaus • z. B. in der Klasse • z. B. auf dem Schulhof	Lehrgang mit computergesteuerten Maschinen (CNC-Maschinen): • Erarbeitung eines Werkstückes • Erarbeitung eines Prozesses zur Erstellung eines Werkstückes • Lehrgang am Computer (Fachsprache) • Steuerung über den Computer • Hilfe und Ausblenden von Hilfe • Bewertung und Verbesserung	Sicherheit am Arbeitsplatz: • beim Einrichten des Arbeitsplatzes • während des Arbeitsprozesses • bei der Arbeitskleidung • beim Aufräumen des Arbeitsplatzes • beim Verlassen des Arbeitsplatzes
Besuche in Familien von Mitschülern: • auf dem Bauernhof • im Betrieb • im Geschäft • in der Wohnung • im Büro • in der Werkstatt • an der Tankstelle • auf der Baustelle	Besuche in Betrieben der Umgebung: • Geschäfte unterschiedlicher Art • Kleinbetriebe, z. B. Tischlerei, Gärtnerei, Bäckerei, Metzgerei, Glaserei • Service: Haare, Kosmetik • Mittelgroße Betriebe: Produktion und Vertrieb • WfbM – Integrationsbetriebe	Verselbstständigtes Arbeiten nach Plan: • Planung • Ausführung • Wertung von Prozess und Produkt • Darstellung der Planungsarbeit im Modell	Teilnahme an: • außerschulischen Praktika • an Projekten der Werkstufe/Schule • an kooperativen Projekten von Schulen am Ort

Wortfeldübungen für: • Arbeit als Prozess • Arbeiten • Herstellen • Wiederherstellen/Reparieren	Anbahnung des Verständnisses für technische Prozesse, z. B. • Verstehen einfacher Gebrauchsanweisungen • Lesen von Bildrezepten • Beschreiben von Vorgängen • Wiederholen von Vorgängen	Sicherheitsaspekte im Umgang: • mit Maschinen • mit Strom • mit gefährdendem Werkzeug • mit gefährdenden Mitteln und Materialien	Betriebserkundungen im Rahmen der Werkstufenplanungen und auf der Grundlage des regionalen Angebotes: • in umliegenden WfbMs • in Kleinbetrieben • in Integrationsbetrieben

Strukturbegriff Arbeit:
Tätigkeit (Prozess) einer Person/mehrerer Personen zu einem Zweck mit entsprechenden Mitteln hin zu einem Produkt/Vorgabe-Ergebnis:
• Was will ich?
• Was brauche ich?
• Wie mache ich was?
• Was kann ich womit?
• Was kann ich nicht?
• Was erreiche ich?
• Was muss ich ändern?
• Was muss ich beibehalten?
	Strukturbegriff Arbeit:
	Tätigkeit (Prozess), für deren Ausführung Zeit und Geld und Material und Energie aufgebraucht wird
	Als Beispiele gelten:
	• Arbeiten in Fachbereichen
	• Rollen(bei)spiele (Busfahrer, Pilot, Bäcker, Metzger, Verkäufer etc.)
	• Mitarbeit zur Vorbereitung von Festen und Feiern
	• Einblick in Berufe der Eltern
	• Einblick in die Arbeit einer Werkstatt für behinderte Menschen (WfbM)
	• Einblick in die Arbeit eines Integrationsbetriebes
		Strukturbegriff Arbeit:
		• Tätigkeit, für die man bezahlt wird
		• Tätigkeit, für die man versichert wird
		• Tätigkeit, in die man eingewiesen wird
		• Tätigkeit, die den eigenen Möglichkeiten (Kompetenz, Selbstverwirklichung) entspricht
		• Tätigkeit, die von anderen benötigt wird
		• Tätigkeit, die Sinn macht
		• Tätigkeit, die Freude macht
		• Tätigkeit, die Teil des Erwachsenenlebens ist
		• Tätigkeit, die zum Lebensplan eines Menschen gehört
			Strukturbegriff Arbeit:
			• Arbeit als Lebenssicherung (»Ich arbeite, um zu leben!«)
			• Arbeit als Existenzsicherung (Versicherung gegen Krankheit, Erwerb eines Rentenanspruchs, Sicherung gegen Arbeitslosigkeit)
			• Arbeit als Sinnstiftung:
			  • z. B. »Arbeit macht Spaß«
			  • z. B. »Arbeit bietet Identifikationshilfen«
			  • z. B.»Arbeit ist Teamarbeit«
			  • z. B. »Arbeit vermittelt Selbstbewusstsein«
			  • z. B. »Arbeit ist Mitarbeit«
			  • z. B. »Arbeit ist Aufgabe«
			  • z. B. »Arbeit ist Herausforderung«

4.16 Sachbereich: »Kunst – Kultur – Theater«

4.16.1 Struktur

Der geistigbehinderte Mensch ist wie jeder andere auch in seine Welt als Kulturwelt eingebunden. Kultur begreift die Umwelt des Menschen als gestaltete und gestaltbare Umwelt. Da geht es einmal um das Phänomen des Eingebundenseins und des Miterlebens von Kultur, was durch eine alters- und bildungsgemäße Einführung in diese Mitwelt erlebbar wird, da geht es aber auch um die Weckung und Nutzung eigener Gestaltungskräfte, die zu einer Ästhetisierung dieser Umwelt beitragen. Das eher passive Mitbeteiligtsein und die aktive Beteiligung durch Herstellung von Kulturgütern wurde dem geistigbehinderten Menschen nicht immer von der Gesellschaft eingeräumt. Deshalb sollte SfGb schwerpunktmäßig versuchen, den Schüler von Anfang an durch entsprechende Projekte in beide Bereiche einzuführen, sei es durch die Sensibilisierung für die Wahrnehmung der Alltagswelt, sei es durch die Nutzung seiner Gestaltungskräfte auf der Grundlage von Kulturproduktion im Unterricht. Kultur ist immer vorgestellte und vorstellbare Kultur. Die Schule bietet zugleich das Forum für diese kulturellen Veröffentlichungen und Darstellungen. Der Beitrag zur Integration der behinderten Menschen in die Gesellschaft kann kaum größer sein als durch deren Beteiligung an der Mitgestaltung dieser Gesellschaft.

Das Teilcurriculum nimmt deshalb seinen Ausgang von der Klasse und bezieht alle Gestaltungs- und Wahrnehmungsmöglichkeiten in das Konzept »Ästhetische Umwelt« ein. Die thematische Strukturierung nach den Bereichen »Gestaltete Umwelt« bzw. »Gestaltung der Umwelt« bezüglich Kunstwerken, Materialien, Wohnen, Spiel- und Theaterformen, Medien (Fernsehen und Film), Musik und Selbstgestaltung bietet den Schülern auf allen Stufen mit steigendem Anspruch Möglichkeiten der Mit- und Selbstbeteiligung und den Lehrern die Möglichkeit der didaktisch-methodischen Erschließung und Gestaltung.

4.16.2 Curriculum: Sachbereich »Kunst – Kultur – Theater«

Vor-/Unterstufe	Mittelstufe	Oberstufe	Werkstufe
Kunst-/Werkbetrachtungen: Bilder und Plastiken als Kunstwerke kennen und betrachten lernen: Sensitiv: • Farben, Farbkontraste kennen/benennen • Bilder/Fotografien mit einfachem Inhalt von Familie, Mensch und Tier beschreiben • eigene Bilder in der Klasse, im Schulgebäude ausstellen	Kunst-/Werkbetrachtungen: Bilder, Plastiken, Sammlungen in der näheren Umgebung der Schule kennen und betrachten lernen: Sensitiv: • Ausstellungsbesuche und Exkursionen erweitern sich auf die nähere Umgebung der Schule; z. B. die Nachbarschulen, das Heimatmuseum, Ateliers ansässiger Künstler	Kunst-/Werkbetrachtungen: Bilder, Plastiken, Sammlungen durch Exursionen und Museumsbesuche im näheren Umfeld der Schule kennen und betrachten lernen Sensitiv: • Themenbezogene Exkursionen und Ausstellungsbesuche finden auch in Nachbarorten statt	Kunst-/Werkbetrachtungen: Bilder, Plastiken, Sammlungen durch Exkursionen und Museumsbesuche im größeren Umfeld der Schule: Sensitiv: • Betrachten lernen • Vergleichen lernen • Anregungen für eine eigene • kreative Umsetzung erhalten
Kreativ: • eigene Bilder zu einem Bilderbuch/einer Bildergeschichte zusammenstellen	Kreativ: • Auseinandersetzung mit Künstlern wie Miro, Keith Haring, Paul Klee und eigene Nachgestaltung der erfahrenen Bilder	Kreativ: • Organisation von eigenen Ausstellungen • Anlegen von eigenen Sammlungen	
Sensitiv/kreativ: • Ausstellungen von anderen Klassen besuchen und einige Bilder nachgestalten			Sensitiv/kreativ: • Zielsetzungen aus der Oberstufe werden fortgeführt und lassen mit wachsenden Materialkenntnissen den Schülern größeren Raum für selbstständiges, kreatives Handeln • Vergleichende Werkbetrachtungen schärfen das Urteilsvermögen der Schüler

Auseinandersetzung mit der gestalteten Umwelt: In Bezug auf Materialien: • Oberflächenstrukturen von Materialien taktil erfahren und unterscheiden • Erste Materialien wie Papier, Pappe, Ton und Stoff in ihrer Handhabung kennen lernen	Auseinandersetzung mit der gestalteten Umwelt: In Bezug auf Materialien: • Benennen und Gestalten von Oberflächen (z. B. Herstellen von Tastobjekten) • Unterscheiden und Benennen von Materialien wie Papier, Pappe, Ton, Stoff, Holz • Erste Kenntnisse über Herstellung und Verwendungsmöglichkeiten	Auseinandersetzung mit der gestalteten Umwelt: In Bezug auf Materialien: • Vertiefende Materialkenntnisse und Erfahrungen ihrer Eigenschaften in gelenkten Experimenten und Gestaltungsversuchen • Herstellungsprozesse unterscheiden und benennen • Werkzeugbenennung • Zuordnung von Material und Bearbeitungsart	Auseinandersetzung mit der gestalteten Umwelt: In Bezug auf Materialien: • Umfassende Kenntnisse über Materialien, ihre Eigenschaften, ihre Herstelllung, ihre Bearbeitungsmöglichkeiten • Erfassen von Zusammenhängen zwischen Material, Fertigung, Funktion und Form in eigenen Gestaltungsprojekten sowie durch Exkursionen zu Handwerksbetrieben, Werkstätten, Industriemuseen
In Bezug auf den Menschen: Selbstdarstellung: • auf das äußere Erscheinungsbild achten: • insbesondere auf die Sauberkeit von Körper Frisur und Kleidung • Kennen und unterscheiden lernen von geeigneter Kleidung, auch zu besonderen Anlässen wie Karneval und im Spiel	In Bezug auf den Menschen: • auf das äußere Erscheinungsbild achten • in Bezug auf Selbstdarstellung, Kleidung und Frisur farbliche Unterschiede erkennen und benennen • Auswahl von Kleidung für bestimmte Anlässe	In Bezug auf den Menschen: • Verfolgen der Modetendenzen der Saison bezüglich Farbe, Schnitt und Material • Überprüfen der eigenen Kleidung und Veränderung des eigenen Erscheinungsbilds durch entsprechende Kleidung zu unterschiedlichen Anlässen • Auswahl einer neuen Frisur • Auswahl passenden Schmucks • Benutzung von Kosmetika • Selbst- und Fremdwahrnehmung bezüglich veränderten Aussehens	In Bezug auf den Menschen: • Bewusstes Erleben von Modefarben in Bezug auf den subjektiven Farbklang (Haar- und Augenfarbe, Teint) • Farbberatung durch Kleidungsproben von Stoffen und Kleidungsstücken • Erstellen von Spezialklängen mit der eigenen Farbskala (festliche, sportliche, fröhliche, dezente Kleidung etc.) • Frisurenbetrachtung in Zeitschriften • Frisur und Formprobleme • Kosmetik und Hautpflegekurs

			• Auswahl und Tragen von Schmuck • Auseinandersetzung mit Modeerscheinungen
In Bezug auf das Wohnen: • das Klassenzimmer als Lern- und Lebensraum erfahren und mitgestalten • Verschiedene Funktionsbereiche kennen lernen und nutzen • Im Schulgebäude und -gelände Räume mit anderen Funktionen kennen lernen und aufsuchen • Pflanzen als Raumschmuck erleben und pflegen • Tisch decken zu alltäglichen Anlässen wie Frühstück und Mittagessen und zu Klassenfeiern	In Bezug auf das Wohnen: • Aktionen zur Veränderung des Klassenraums unter ästhetischen und funktionalen Gesichtspunkten durchführen • Mitgestaltung des gedeckten Tischs zu unterschiedlichen Anlässen • Auseinandersetzung mit der Lage des Schulgebäudes • typische Landschaftsformen erleben und unterscheiden wie Wiese, Wald, Erhebung, Fluss, See etc. • Erstellen einer »Heimatkarte« • Pflanzen und Düfte im Schulgarten und in der Umgebung beobachten	In Bezug auf das Wohnen: • Wissen, was zu einer Wohnung gehören kann • Aufzeigen gemeinsamer Merkmale in verschiedenen Wohnungen von Mitschülern, Lehrern, Möbelgeschäften etc. • Erfahren und Benennen der jeweiligen Funktionen in Wohnräumen • Einrichten einer Modellwohnung unter funktionalen und ästhetischen Gesichtspunkten • Kennen und unterscheiden lernen von Möbelstücken bzgl. Form, Material und Funktion	In Bezug auf das Wohnen: • Vorstellungen entwickeln, wie man selber wohnen möchte, indem man mit Hilfe von Katalogen und Prospekten selbst eine Wohnung einrichtet • Besuch eines Möbelgeschäfts • Gestaltung der Anordnung der Möbel im Raum, der Räume in der Wohnung • Bewusste Wandgestaltung mit Tapeten, Farben und Bildern • Untersuchen von Wohnformen und Wohnweltgestaltungen • Erfahren, wie Menschen in anderen Ländern, anderen gesellschaftlichen Lebensräumen (Stadt, Land, Wohnsiedlung, Hochhaus, Einfamilienhaus) leben • Erkennen der Funktionen von Straßen, Plätzen, Grünanlagen und öffentlichen Einrichtungen (einfache Stadtplanung, Stadt/Stadtteil/Siedlung, Gemeinde als Lebensraum)

Auseinandersetzung mit kulturellen Angeboten:
Aus dem Bereich von Spiel- und Theaterformen:
• Kennenlernen von Theaterformen durch eigenes Spiel innerhalb der Klasse oder einer Arbeitsgemeinschaft
• Besuch von Theateraufführungen in der Schule
  • am Schulort
  • oder in der näheren Umgebung
• Erleben und Erfahren von Licht-, Bild- und Klangeffekten bei themenzentrierten Aktionen im Dunkelraum der Schule
	Auseinandersetzung mit kulturellen Angeboten:
	Aus dem Bereich von Spiel- und Theaterformen:
	• Unterscheiden von Theaterformen wie Puppenspiel, Schattenspiel, Schwarzlicht, Maskenspiel etc.
	• Mitgestaltung von Spielräumen
	• Auswahl und Besuch von Theaterveranstaltungen innerhalb der Schule und ihrer nähren Umgebung
		Auseinandersetzung mit kulturellen Angeboten:
		Aus dem Bereich von Spiel- und Theaterformen:
		• Infos zu Theaterprogrammen
		• Treffen einer Auswahl
		Begleitung zu Theaterbesuchen zu einer ausgewählten Thematik, zu einem bestimmten Thema
			Auseinandersetzung mit kulturellen Angeboten:
			Aus dem Bereich von Spiel- und Theaterformen:
			• sich mit regelmäßigen Angeboten der Theaterhäuser in der näheren und weiteren Umgebung auseinandersetzen
			• dabei eine gemeinsame Auswahl treffen
			• sich mit den Inhalten der Theaterstücke auseinandersetzen

Aus dem Bereich Fernsehen und Film: • eigene Videos betrachten • Kinderfilme als Video zusammen anschauen	Aus dem Bereich Fernsehen und Film: • eigene Videos betrachten • gemeinsame Auswahl von Filmen und Fernsehsendungen • Besuch eines Kinos, einer Kinoveranstaltung in der näheren Umgebung	Aus dem Bereich Fernsehen und Film: • eigene Videos betrachten • Organisation und Besuch eines Schulkinos • Fernseh- und Filmprogramme lesen und eine Auswahl treffen • Unterscheiden von Arten der Fernseh- und Filmangebote wie: Dokumentation, Werbung, Serie und Filmgenres • Besuch von Kinoveranstaltungen in der nähren und weiteren Umgebung	Aus dem Bereich Fernsehen und Film: • eigene Videos betrachten

Aus dem Bereich Musik: • interne und externe Angebote der Musikschule für ein selbstständiges musikalisches Tun kennen lernen • Lieder kennen und auswählen lernen • Unterschiedliche Musikangebote in der Klasse kennen lernen und für eine Pausen- und Freizeitgestaltung nutzen • Besuch von Musikveranstaltungen in der Schule und am Schulort	Aus dem Bereich Musik: • Besuch von Musikveranstaltungen in der näheren Umgebung für Kinderlieder, Kinderoper und -musical • Besuch einer Schülerdiskothek in der Schule, in der näheren Umgebung	Aus dem Bereich Musik: • Musikarten kennen und auswählen lernen, z. B. Kinderlieder, Volksmusik, Schlager, Klassik • Anlegen einer Klassenmusiksammlung • Mitwirken im Spielmannszug oder der Schulband oder im Heimatort • Verwaltung einer Kassetten- oder CD-Sammlung der Klasse/der Schule • Besuch und Organisation von Tanzveranstaltungen und Diskotheken • Auswahl und Besuch von Musikveranstaltungen in der näheren und weiteren Umgebung	Aus dem Bereich Musik: • Informationsquellen über Musikangebote kennen und nutzen lernen • Voranzeigen für Rundfunk und Fernsehen nutzen • Programmauswahl im Radio treffen • Eigene Tanz- und Musikveranstaltungen organisieren • Musikangebote übers Internet hereinholen

5 Literaturverzeichnis

Benner, D./**Brüggen**, F.: Erziehung und Bildung. In: Wulf, Ch. (Hrsg.): Vom Menschen – Handbuch Historische Anthropologie. Weinheim und Basel 1997, 768-779.

Berger, P. L./**Luckmann**, Th.: Die gesellschaftliche Konstruktion der Wirklichkeit. Frankfurt a. M. 1980.

Bernhard, A.: Neuere Grundlagenkritik an der Didaktik. In: Z. f. Päd. 5/99, 649-666.

Böhm, O.: Wollen und vor allem können wir noch eine Lernbehindertenpädagogik? In: Z. f. Heilpäd. 5/2001, 187-193.

Brockhaus – Die Enzyklopädie: Artikel »Weltbild«. Bd. 24. 1999, 19.

Brunold, A.: Medienerziehung und Projektmethode. In: Z. f. Päd. 1/2000, 131-140.

Bourdieu, P.: Zur Soziologie der symbolischen Formen. Frankfurt a. M. 1974.

Daum, E.: Die »Sache« und das »eigene Leben« – autobiographisches Lernen im Sachunterricht. In: Marquardt-Mau, B./Schreier, H. (Hrsg.): Gundlegende Bildung im Sachunterricht. Bad Heilbrunn 1998, 47-58.

Der Kultusminister des Landes Nordrhein-Westfalen: Grundschule – Richtlinien für den Sachunterricht – Eine Schriftenreihe des Kultusministers. Düsseldorf 1985.

Dreher, W./**Heinen**, N.: Empfehlungen zum Förderschwerpunkt geistige Entwicklung. In: Drave, W./Rumpler, F./Wachtel, P. (Hrsg.): Empfehlungen zur sonderpädagogischen Förderung. Würzburg 2000, 289-298.

Duncker, L.: Lernen als Kulturaneignung. Weinheim und Basel 1994.

Duncker, L.: Prinzipien einer Didaktik der Vielfalt. In: Reinhardt, S./Weise, E. (Hrsg.): Allgemeine Didaktik und Fachdidaktik. Weinheim 1997, 174-190.

Duncker, L.: Zeigen und Handeln – Studien zur Anthropologie der Schule. Langenau/Ulm 1996.

Glogauer, W.: Die neuen Medien verändern die Kindheit. Weinheim 1993.

Herbert, M.: Sachunterricht. In: Lenzen, D. (Hrsg.): Enzyklopädie Erziehungswissenschaft. Erziehung im Primarschulalter. Bd. 7. Stuttgart 1985, 402-410.

Heursen, G.: Fachdidaktik. In: Haller, H.-D./Meyer, H. (Hrsg.): Ziel und Inhalte der Erziehung und des Unterrichts. Enzyklopädie Erziehungswissenschaft. Bd. 3. Stuttgart 1986, 427-439.

Hörster, R.: Bildung. In: Krüger, H.-H./Helsper, W. (Hrsg.): Einführung in Grundbegriffe und Grundfragen der Erziehungswissenschaft. Opladen 1998, 43-52.

Kahlert, J.: Grundlegende Bildung im Spannungsverhältnis zwischen Lebensweltbezug und Sachanforderungen. In: Marquardt-Mau, B./Schreier H. (Hrsg.): Grundlegende Bildung im Sachunterricht. Bad Heilbrunn 1998, 67-81.

Klafki, W.: Studien zur Bildungstheorie und Didaktik. Weinheim 1963.

Klafki, W.: Neue Studien zur Bildungstheorie und Didaktik. 3. Aufl. Weinheim und Basel 1993.

Klattenhoff, K.: Heimat – Heimatkunde. In: Haller, H.-D./Meyer, H. (Hrsg.): Ziele und Inhalte der Erziehung und des Unterrichts. Enzyklopädie Erziehungswissenschaft Bd. 3. Stuttgart 1986, 467-473.

Köhnlein, W.: Grundlegende Bildung – Gestaltung und Ertrag des Sachunterrichts. In: Marquardt-Mau, B./Schreier, H. (Hrsg.): Grundlegende Bildung im Sachunterricht. Bad Heilbrunn 1998, 27-46.

Kobi, E. E.: Geistigbehindertenpädagik: Vom pädagogischen Umgang mit Unveränderbarkeit. In: Geistige Behinderung 1/99 (38. Jahrgang), 21-29.

Kösel, E./**Scherer**, H.: Konstruktionen über Wissenserwerb und Lernwege bei Lernenden. In: Voß, R. (Hrsg.): Die Schule neu erfinden. 3., durchg. Aufl. Neuwied 1999, 105-128.

Krüssel, H.: Unterricht als Konstruktion. In: Voß, R. (Hrsg.): Die Schule neu erfinden. Neuwied 1999, 3., durchg. Auflage, 92-104

Langeveld, M.: Studien zur Anthropologie des Kindes. Tübingen 1956.

Leitner, W.: Kindliche Lebenswelten unter besonderer Berücksichtigung der Situation von Scheidungsweisen im familiären und schulischen Kontext. In: Seibert, N. (Hrsg.): Kindliche Lebenswelten. Bad Heilbrunn 1999, 127-156.

Liebau, E.: Generation. In: Wulf, Ch. (Hrsg.): Vom Menschen – Handbuch Historische Anthropologie. Weinheim und Basel 1997, 295-306.

Lippitz, W.: Selbstständige Kinder im Kontext der Lebenswelten – Phänomenologisch-pädagogische und sozialwissenschaftliche Interpretationen. In: Seibert, N. (Hrsg.): Kindliche Lebenswelten. Bad Heilbrunn 1999, 65-102.

Löwisch, D.-J.: Kultur und Pädagogik. Darmstadt 1989.

Meyer-Drawe, K.: Lebenswelt. In: Haller/Meyer (Hrsg.): Ziele und Inhalte der Erziehung und des Unterrichts – Enzyklopädie Erziehungswissenschaft Bd. 3. Stuttgart 1986, 505-511.

Mogel, H.: Kindliche Lebenswelten und ihre Entwicklung: Spiel, Wirklichkeit, Erlebniserweiterung. In: Seibert, N. (Hrsg.): Kindliche Lebenswelten. Bad Heilbrunn 1999, 113-125.

Möller, K.: Lernen durch Tun. Frankfurt a. M. 1987.

Möller, K./Tenberge, C.: Handlungsintensives Lernen und Aufbau von Selbstvertrauen im Sachunterricht. In: Marquard-Mau, B./Köhnlein, W. (Hrsg.): Forschung zum Sachunterricht. Bad Heilbrunn 1997, 134-153.

Neise, K.: Menschen mit geisitger Behinderung. In: Fengler, J./Jansen, G. (Hrsg.): Handbuch der Heilpädagogischen Psychologie. 3., überarb. u. erw. Aufl. Stuttgart 1999, 131-152.

Parmentier, M.: Frühe Bildungsprozesse. Zur Struktur der kindlichen Interaktion. München 1979.

Peterßen, W. H.: Lehrbuch: Allgemeine Didaktik. München 1983.

Piaget, J.: Intelligenz und Affektivität in der Entwicklung des Kindes. Hrsg. von A. Leber, Frankfurt a. M. 1995.

Plögel, W.: Allgemeine Didaktik und Fachdidaktik. München 1999.

Reich, K.: Systemisch-konstruktivistische Didaktik – Eine allgemeine Zielbestimmung. In: Voß, R. (Hrsg.): Die Schule neu erfinden. 3., durchges. Aufl. Neuwied 1999, 70-91.

Riedel, K.: Curriculum. In: Lenzen, D. (Hrsg.): Pädagogische Grundbegriffe. Bd. 1. Reinbek bei Hamburg 1994, 298-301.

Robinsohn, S. B.: Bildungsreform als Revision des Curriculum. 3. Aufl. Neuwied und Berlin 1972

Rödler, P.: geistig behindert: Menschen, lebenslang auf Hilfe anderer angewiesen – Grundlagen einer basalen Pädagogik. 2., überarb. Aufl. Neuwied 2000.

Sandfuchs, U.: Schule als Lebenswelt von Kindern. In: Seibert, N. (Hrsg.): Kindliche Lebenswelten. Bad Heilbrunn 1999, 157-174.

Schründer, A.: Alltagsorietierung in der Erziehungswissenschaft. Weinheim und Basel 1982.

Schurad, H.: Bildungsanspruch des geistigbehinderten Menschen. Essen 1995.

Schurad, H.: Didaktische Modelle zur Bewältigung der Problematik der Inhalte und Themen des Unterrichts in der SfGb. In: VDS-Regional, 1/96, 89-112.

Schurad, H.: Thematisierung der Alltagswelt als didaktisches Grundmuster der Schule für Geistigbehnderte. In: VDS – Landesverband NW 4/95, 13-28.

Schurad, H. u. a.: Curriculum Lesen und Schreiben für den Unterricht an Schulen für Geistig- und Körperbehinderte. 2., überarb. Aufl. Oberhausen 1999.

Schütz, A./**Luckmann**, Th.: Strukturen der Lebenswelt. Bd. 1. Frankfurt a. M. 1979.

Schwenk, B.: Bildung. In: Lenzen, D. (Hsrg.): Pädagogische Grundbegriffe. Bd. 1. Reinbek bei Hamburg 1994, 208-221.

Seibert, N. (Hrsg.): Kindliche Lebenswelten. Bad Heilbrunn 1999.

Senkel, B.: Mit geistig Behinderten leben und arbeiten. München 1996.

Siebert, H.: Lernen als Konstruktion von Lebenswelten – Entwurf einer konstruktivistischen Didaktik. Frankfurt a. M 1994.

Soostmeyer, M.: Zur Sache Sachunterricht. 3. überarb. u. erg. Aufl. Frankfurt a. M. 1998.

Stahlmann, M.: Ganzheitlichkeit als Illusion. In: Z. f. Heilpäd. 6/2001, 239-244.

Stoltenberg, U: Ein zukunftsfähiger Begriff von Arbeit als Orientierung für grundlegende Bildung im Sachunterricht. In: MarquardtB./Mau, H. (Hrsg.): Grundlegende Bildung im Sachunterricht. Bad Heilbrunn 1998, 198-210.

Ströker, E.: Philosophische Untersuchungen zum Raum. 2. und verb. Aufl. Frankfurt a. M. 1977.

Terhart, E.: Konstruktivismus und Unterricht. In: Z. f. Päd. 5/99, 629-647.

Vaskovics, L (Hrsg.): Familienbilder und Familienrealitäten. Opladen 1997.

Voß, R. (Hrsg.): Die Schule neu erfinden. 3., durchg. Aufl. Neuwied 1999, 70-91.

Walburg, R.-R.: Bereich des Lebenspraktischen und der Sachkunde. In. Bach, H (Hrsg.): Pädagogik der Gesitigbehinderten. Berlin 1979, 276-290.

Weniger, E.: Theorie der Bildungsinhalte. Weinheim 1951.

Wolf-Stiegemeyer, D.: Ein Leben so normal wie möglich? In: Geistige Behinderung 2/01.

Wulf, Ch.: Einführung in die Anthropologie der Erziehung. Weinheim und Basel 2001.

Zielinski, W.: Lernschwierigkeiten. Stuttgart 1985.

Zinnecker, J.: Kindheit und Jugend als pädagogische Moratorien. In: Benner, D./Tenorth, H.-E. (Hrsg.): Bildungsprozesse und Erziehungsverhältnisse im 20. Jahrhundert. 42. Beiheft Z. f. Päd. 2000, 36-68.

6 Anhang

6.1 Beispiel für Sachunterricht auf unterschiedlichen Stufen

6.1.1 Sachbereich »Einkauf – private Versorgung«: Brot – wichtiges Nahrungsmittel für mich – für alle Menschen

Brot gilt – seit vielen Jahrtausenden – als Nahrungsmittel schlechthin. Hunger gilt als ein Trieb, der befriedigt werden muss, um das Überleben des einzelnen Menschen zu sichern. Sowohl der Aspekt des Hungerstillens mit vom Menschen produzierten Nahrungsmitteln (exemplarisch am Beispiel Brot aufzuzeigen), als auch Brot speziell als ein seit Jahrtausenden genutztes Nahrungsmittel sollen dem Schüler vermitteln,

- dass die Nächsten in der Familie, im Wohnheim, in der Schule darum bemüht sind, seinen Hunger zu stillen,
- dass diesem Produkt/Nahrungsmittel »Brot« ein Prozess vorausgeht, der die Bestandteile zur Herstellung des Brotes bereitet,
- dass dieses Produkt/Nahrungsmittel »Brot« in einem durchschaubaren Prozess hergestellt wird,
- dass es auf der Grundlage dieses durchschaubaren Prozesses und seiner Phasen einen Prozess der industriellen Fertigung gibt (Brot als Massennahrungsmittel),
- dass die Verwendung des Brotes in seinen vielfältigen Erscheinungsformen kulturell in die Gesellschaft eingebettet ist und in unterschiedlichen Situationen in Erscheinung tritt,
- dass das Überleben des Einzelnen und der Menschheit einer Daseinsvorsorge bedarf,
- dass dieses Nahrungsmittel »Brot« den Hunger vieler Menschen nicht stillen kann, weil sie es nicht oder nicht immer zur Verfügung haben,
- dass es insofern eine ethische Verpflichtung der Menschen gibt, mit den Armen das Brot zu teilen.

Daseinsvorsorge, Daseinsfürsorge, Essen als Kulturtechnik, handlungsbezogene Vermittlung von Einsicht in die Prozesse der Herstellung, Verteilung und Verwendung können also als Kernpunkte dieser Unterrichtsreihe herausgestellt werden.

Der Anspruch der einzelnen Stufe geht didaktisch immer von der Grundvoraussetzung der Verwendung dieses Nahrungsmittels »Brot« aus. Inhaltliche Fragen und Zielvorstellungen können diesen Umstand nutzen, mit der zunehmenden Einsichts- und Handlungsfähigkeit des einzelnen Schülers in konzentrischen Kreisen um diese Grundtatsache herum die entsprechenden Prozesse der Herstellung, Verwendung und Aufbewahrung in größere Zusammenhänge zu rücken und moderne industrielle Fertigungsprozesse durch Beziehung auf elementare Fertigungsschritte einsichtig zu machen.

Wenn denn in der Werkstufe der SfGb dieser Prozess einer seriellen Fertigung konzeptionell in den Auftrag der Werkstufe eingebunden ist, wird es umso leichter sein, diesen didaktischen Durchblick von der Unterstufe bis zur Oberstufe methodisch sichtbar zu machen und als Lern- und Leistungsbestand des einzelnen Schülers abzusichern.

6.1.2 Curriculum: Sachbereich »Einkauf«

Vor-/Unterstufe	Mittelstufe	Oberstufe	Werkstufe
Wir essen Brot. An parallelen Lebensorten wird – eingebunden in typische Situationen – Brot gegessen: • in der Familie • in der Schule • außerhalb	Wir besuchen eine Bäckerei und stellen dabei fest: • Brot wird aus unterschiedlichen Materialien hergestellt • Herstellungsvorgang: Die Materialien werden erst zu einem Teig vermengt • Backvorgang: Das Brot wird in einem Backofen gebacken • Verteilungsvorgang: Das Brot wird vertrieben und verkauft	Das Brot- oder Brötchenbacken wird systematisch an einem Tag der Woche für das Frühstück angesetzt. Die Tätigkeiten werden auf Kleingruppen verteilt: • Besorgen (und Bezahlen) der Mittel • Teig bereiten • Brot/Brötchen backen • Verteilen, Aufbewahren und Entsorgen	Die Werkstufe hat einen Bereich für die Brotproduktion eingerichtet. In diesem Bereich wird die Produktion als Prozess auf einer der Wirtschaft vergleichbaren Produktionsebene betrieben. Der Prozess gliedert sich in: • Beschaffung der Materialien • Teigherstellung • Backvorgang • Verpackung und Vertrieb
Wir lernen: Es gibt verschiedene Sorten/Formen von Brot: • Brot als Weiß-, Grau-, Schwarzbrot, Mischbrot • Brot als Brötchen, Laib, Scheibe, • Brot als Baguette	Wir backen selbst Brot/Brötchen: • mithilfe einer Backmischung • in einem Brotbackautomaten • nach Rezept aus Quarkölteig	Der Einsatz der Maschinen wird gelernt: • Mühle zum Mehlmahlen • Mixer, Küchenmaschine zum Teigbereiten • Backofen zum Backen • Maschine zum Brotschneiden	Besuch einer Großbäckerei: • Vorbereitung durch Interessensbildung • Direkte Planung eines Besuchs • Besuch in einer Großbäckerei • Nachbereitung des Besuchs

Wir kaufen Brot: • beim Bäcker, in der Bäckerei • im Supermarkt • in der Tankstelle • auf dem Markt • an anderen Geschäftsorten	Wir besorgen vom Bauern Getreide und mahlen Mehl: • Wachstum von Getreide gemäß dem Vorgang: Säen – Kultivieren – Ernten • Wir beobachten in Schulnähe ein Getreidefeld mit Weizen, Roggen, Gerste, Hafer • Wir beobachten den Erntevorgang beim Bauern: Funktion einer Erntemaschine: Mähen und Dreschen • Wir erfahren: Sammeln und Aufbewahren des Korns – Mahlen des Korns in der Mühle – Abpacken und Verteilen des Mehls	Wir beachten Haltbarkeitsdaten: • Anzeichen für abnehmende Frische kennen lernen • Brot fängt nach einer bestimmten Aufbewahrungszeit an zu schimmeln, verdirbt • Gekauftes und eingepacktes Brot hat ein Datum zur Beachtung der begrenzten Verzehrzeit (Haltbarkeitsdatum) • Das Haltbarkeitsdatum gibt eine Mindesthaltbarkeit an • Schimmel als Krankheitserreger	Hunger in der Welt: Beteiligung an Aktionen zur Linderung von Hunger in der Welt: • Armut und Hunger in der Umgebung • Armut und Hunger in Teilen der Welt • Aktionen von Entwicklungshilfe • Hilfe zur Selbsthilfe als Prinzip • Sicherung der Welternährung durch Forschungsvorhaben • Die Reichen und die Armen
Wir bereiten Brot in der Schule zu verschiedenen Gelegenheiten zu und essen es: • beim Frühstück • anlässlich einer Feier • anlässlich eines Ausflugs	Wir erfahren, dass Brot eine große Bedeutung hat: • als Nahrungsmittel • als Symbol für Miteinander-Teilen (»Brot für die Welt«, Vater-unser) • als religiöses Symbol: Eucharistie, Kommunion, Gottesdienst, Mahlfeier	Aufbewahrung von Brot: • in der Brottrommel • im Kühlschrank • im Gefrierschrank Verwenden von Resten: • Weißbrot zu Paniermehl • als Futtermittel für Tiere	Gestaltung eines Gottesdienstes mit dem Thema »Hunger in der Welt«: • Phänomen »Hunger« in der Welt • Beispiele für Teilen/Communio aus der Bibel • Gottes- und Nächstenliebe als Einheit • Agapefeier als gemeinsames Essen
Struktur: Erfahrungen aus der Umwelt und dem täglichen Umgang mit Brot: kulturtypisches Alltagsphänomen	Struktur: Herstellung von Brot aus verschiedenen Materialien – Mischen – Vermengen – Backen Brot ist mehr als Brot! Brot ist ein Symbol für Leben und Überleben in der Welt	Struktur: Der Umgang mit Brot. Ökologische, ökonomische und gesundheitliche Aspekte	Struktur: Nahrung – Ernährung der Menschheit – Brot als Symbol für Hunger und Sättigung – Weltgemeinschaft als Lebensgemeinschaft